U0029077

샤넬백을 버린 날, 새로운 삶이 시작됐다

丟掉香奈兒包
活得更漂亮

決定捨棄名牌、頭銜、學歷的那天起，
我又重新呼吸到自由自在的空氣

崔柔里
최유리——————著　陳宜慧——————譯

各界推薦

你是否正汲汲營營於一份看不見自我價值的工作？透過瘋狂購物以抒壓、追逐流行時尚來獲得快樂？那股下班後的乏力以及衝動後的空虛，相信我們都曾體會過，如果你有意識從這般盲目的框架中逃離，請閱讀這本書吧！有著相同經歷的作者將一步步且由內而外地與你溝通，並協助你檢視自己，爾後，你將擁有定義美麗與幸福的勇氣、同時擁有愛人與被愛的能力。

——Hao／Traveggo找蔬食YouTuber

時尚一直是一種選擇，而不是必需品！它代表了某種社會地位和品味生活，但不見得人人都適合紙醉金迷的日子。

書中寫了很多關於「比較」的故事，對一個中產家庭卻硬著頭皮念私立學校的女孩來說，很真實也很血淋淋。曾經也以為我需要一個名牌包，才能加入那個令人嚮往的圈子！後來我發現，那樣的生活消費高、不快樂，更不自由。真正的時尚，應該是擁有能把一百塊白襯衫穿成名牌的自信心。

——NeKo嗚喵／說書YouTuber

讀這本書，像看見女性共同的成長經驗，香奈兒包是一種隱喻，隱含社會對女性由身體至心理的束縛：擁有纖瘦的身材、配上約會必勝夏季穿搭、用名牌包堆砌個人形象……女性價值需要伴侶鑑定，更需要社會肯定。也許今天讀完這本書，我們都能理直氣壯地說：少一吋腰圍是我樂意，多一圈肉我也可以！沒有人比你更了解自己最美、最舒服的樣子。

——莊婕廷／吾思傳媒 女人迷內容編輯

看似是丟掉了香奈兒包後，遇見了真實的自己；但我們有沒有想過，其實是自己為了擁抱香奈兒包，早已拋棄了真正的自我呢？

誠實面對自己並不容易，作者經歷了憂鬱症纏身的痛苦後，才決心挖開痛苦的根源，一一檢視對完美外貌和正確人生的執著焦慮，最終發現「穿上自己」就是最幸福的人生。

推薦給迷失在花花世界，挑剔自己永遠不夠美的你，看見天生的獨一無二，不必被誰定義肯定，你的美麗自成一格。

——曾彥菁Amazing／文字工作者

香奈兒包是各種美好追求的象徵：職位、年薪、理想情人、精神圭臬……等。「追求」本身中立，但為什麼很多人追求復追求，卻無法從中感到永恆的滿足平靜？

本書帶領我們看向「追求完美的標準答案」的背後，驅動人們行動的原始欲求到底是什麼，並且指出核心的解答：誠實面對自己，也許你沒有自己想的有野心，但會過得更幸福。

——賴庭荷／衣櫥醫生

CHAPTER

ONE

時尚的關鍵是自信

CHAPTER TWO

不要趕流行，穿出自我

CHAPTER THREE

真正的美麗來自生活

CHAPTER

FOUR

幸福來自真正的溝通

Prologue

別在香奈兒包面前變渺小

嚮往香奈兒包

「當我買東西時，世界變美好了。但沒多久又變不好，所以我又再去購物。」

這是電影《購物狂的異想世界》女主角蕾貝卡的告白。當她那耀眼的雙眸被悲傷模糊時，我彷彿也從裡面看到了自己空虛的心：買那麼多衣服並沒有變幸福，把我當公主般服務的百貨公司員工，以及批評我不懂事的家人們都不在乎我的心情。

三十多歲時，我決心寫博士論文以獲得他人羨慕的社會地位，卻得了嚴重的憂鬱症。我墜落了。

「我怎麼會落到這步田地？」

這是我第一次了悟，這一生不斷忙於迎合別人規定的標準，一次也沒為自己活過，只想用一流的大學、社會地位和漂亮的衣服來裝扮自己。

念了那麼久的書，我也沒學會如何找到自己的喜好。因為只要學校告訴我「這是正確答案」，為了不犯錯，我就會選擇沉默、接受這個答案。透過反覆嘗試，我們學會背誦正確答案，而不是尋找屬於自己的答案。

「請問各位，1、2、3中我該買什麼呢？」在網路社群常見的發文中，也不時能發現我們為了不出錯而等待他人指示的習性。已經出社會的我，就是被這樣強而有力的規則支配。

「擁有昂貴物品的生活才是好生活。」

雖然從小就喜歡衣服，但喜歡衣服的我並沒有得到尊重。開始賺錢後，我成為以購物填補空虛的購物成癮者。旅行、拍照、朋友聚會、交換禮物、準備結婚……在日常生活中每個選擇的瞬間，消費主義之神總是面帶微笑。

即使我擁有了想要的東西，空虛感還是無法消解。經過一番思索後，當時的我得出一個答案，那就是在常去的購物中心老闆肩膀上看到的香奈兒包。我以為只要有了它，生活就會變得精采，所以就像念書時一樣，我再次接受了別人給我的答案。

「成為模範生」是我害怕得不到愛的生存策略。一流大學畢業，讓人稱羨的工作，很會穿搭的漂亮女性，過去的我為了成為符合韓國社會標準的女性而竭盡全力，卻從沒思考過「我是誰？」然而，當我罹患憂鬱症時，衣櫃內的香奈兒包卻無法給出任何正確答案——香奈兒包不過是昂貴的棉花糖。

在濃霧中彷徨不安時，我偶然看到了奧黛麗．赫本的照片。在毫不掩飾的她面前，我不知不覺流下眼淚，她不是否認我所知道的正確答案，而是告訴我還有另一個世界。對此，我如釋重負。

重獲新生

「你不後悔放棄博士學位嗎？」偶爾會有人這樣問。

我繞了好多路才走到現在的位置，過去也有著無法早一點了解自己的遺憾。但我不想責怪自己，因為不了解自己而走過的軌跡也是構成現在的我的一部分。

我不後悔放棄博士論文，也沒想過要回到當年炫耀名牌大學、穿著不合適的衣服、努力迎合職場服裝規則的自己，因為我重生了。無論前方的道路多麼艱險，這都是我以相信「有自信的自己最幸福」為前提所做出的選擇。

這本書的初衷，是為了治癒飽受自尊過低和認同感混亂之苦的我。藉由書寫，我認真地檢視自己，最後發現幸福的唯一途徑就是擺脫別人制定的規則，成為真正的自己。

我決定褪去博士袍，穿上「自己」，成為一名喜歡衣服，夢想世界變美，安靜、古靈精怪且充滿個性的女人，這是在新世界遇見的全新自己。我也希望幫助像我一樣不了解自己，受既定規則折磨的人尋找自身特質，並穿上自己。因此，我決定成為時尚治療師。

支配日常生活的消費主義

「找到自己的特質後，即使換上不貴的衣服，也能穿得很開心。」

這是我在造型講座中絕對不會漏講的資訊。某次在百貨公司演講後的隔天，我接到工作人員的電話，傳達了來自某個百貨公司ＶＩＰ顧客的抗議。

他說：「我不知道自己的特質是什麼，買很多昂貴衣服來穿的我錯了嗎？」

我都忘了百貨公司是消費主義的天堂，負責反應這件事的員工也勸我別再把這樣的內容放到百貨公司的講座中。那天，我再次看到了支配世界的規則如何深刻地影響我們。

對於仍然生活在香奈兒包世界裡的人來說，我的想法可能讓他們不太舒服。他們有著用皮包和鞋子暗自衡量對方年薪和社會地位，希望成為勝者的慾望，以及一轉身就譴責擁有奢侈品者的雙面性。這種想擺脫卻無法擺脫的矛盾，突顯香奈兒包的世界悄然支配著我們的日常生活。

幸福在於不順應潛規則

這本書裡所說的香奈兒包，狹義上是指香奈兒包本身，廣義上則意味著「這是好東西」的認知，也就是指沒有貴重物品就被認為是下等人的消費主義，落後於時尚潮流就被認為是失敗者的論調，強調女性在外貌與時尚、戀愛和婚姻等議題應採取特定態度的偏見，以及過度重視學校和公司名聲的虛張聲勢。

走過憂鬱症這個漫長隧道的我，所找到的幸福正是不順應這種潛規則。真正精采的人生不在香奈兒包裡，而是不會被別人的視線所動搖的健康自尊，與真正愛自己的人真誠地溝通。真正精采的人生就在這些地方。

當然，我並不是想指責渴望擁有香奈兒包的你，以及笑著背香奈兒包的你。我想說的是，與其否認這個世界，不如說我們有另一個世界，在另一個世界裡，我們能體驗到不同的幸福。

不要在別人的香奈兒包面前覺得自己很渺小。

和朋友聚會後不要用自己的包包衡量自己的價值。

在你的世界裡，最終能找到你自己。

以你最真實的模樣享受不同層次的喜悅吧。

向在香奈兒包的世界裡沉默了很久的你送上溫暖的支持。

崔柔里

CHAPTER

ONE

時尚的關鍵是自信

人人都該當一次公主

嚮往喜歡的東西的渴望

我讀高三時，媽媽和我一樣用功。那年，媽媽在激烈的競爭下，通過了某大學日本語文學系的插班考試。媽媽小時候的夢想，是從人文女高畢業後在大學學習英文，然而她讀國三時，外婆因為家庭因素忽視這個夢想。外婆並不相信自己的女兒優秀到可以拿獎學金上學。

走了自己不願意走的路，媽媽一輩子都在埋怨外婆。當時的我無法完全理解帶著這樣的悲傷，努力在晚年插班進入日文系的媽媽。

「你為什麼現在讀大學？」

媽媽似乎是這樣反駁我提出的疑問：「不，我是現在才終於能上大學。」

她接著考取碩士，展現出為了填補失學缺憾的強烈意志。一直等到我上大學，媽媽才終於有餘裕追求平生盼望的夢想。

幾年前，我邊聽著趙元善輕快的歌曲〈多樂米帕索拉西多〉，邊隨著旋律擺頭，卻因為熟悉的歌詞停下動作。歌曲中的女主角花子是一位喜歡唱歌的少女，她訴說著長大後要當歌手的夢想，但是大人們卻這樣說：

「別做那種事。」

「你為什麼要當歌手？」

但是少女沒有屈服，而是像歌曲節奏般輕快地回應：「我也沒有辦法，因為我最喜歡唱歌。」

曾經懷有文藝青年夢的媽媽，少女時期也許和歌曲中的花子並無二致。但是那樣的少女生下我和姊姊、成為媽媽之後，卻變成了歌曲中的大人。喜歡畫畫的我長大想當時尚設計師，媽媽卻這樣說：「別做那種事。」

這段回憶讓我無法繼續盡情哼唱這首輕快的歌曲。我很羨慕女主角花子的勇氣，因為那時我處在與她相同的情況下，卻沒辦法像她一樣回應。這一點，媽媽年輕時也是一樣的。

如果說看著媽媽的人生讓我得到什麼實際的教訓，那就是不要在「別做那種事」的訓誡下輕易放棄熱愛的事物。面對「不要做」的告誡，媽媽年輕時雖然認為「沒有辦法實現」，但她在潛意識的驅使下，最終還是將盤據內心多年的願望化為行動。

即便知道這樣的缺憾可能會持續一輩子，大人仍會以大人的權威摧折孩子的渴望。

無論什麼東西都要粉紅色

「我對粉紅色的愛是從何而來？」

某天，一位臉書朋友上傳了這段文字，並附上一張有著粉紅色滑鼠、粉紅色筆筒、各種粉紅色原子筆的照片。看到這張照片，我想起了過去只要看到粉紅色的東西，就會本能地手癢的時期。

二十多歲的我會用粉紅色的珠光脣膏讓嘴唇閃閃發光，穿著粉紅色的開襟羊毛衫，牛仔褲下穿著粉色的絲襪。三十多歲的我偶然在雜誌上看到美得發亮的粉色香奈兒包，就把照片剪下來貼在衣櫃上。雖然已經擁有黑色的香奈兒包，但我還是想要粉紅色的，抱著這樣的想法珍藏那張照片許久。

到了三十歲後半，也許是因為充分享受過被粉紅色包圍的生活，我不再輕易被粉色的物品誘惑，但還是無法完全拋棄粉紅色。鉛筆盒裡的亮粉色水性筆像老朋友般歡迎我，對我說：「嗨，快拿起我寫字吧！」這個時候，我都會再次思考：「我對粉紅色的愛究竟從何而來？」

我從小就愛漂亮，也特別喜歡衣服，但不幸（？）的是我只能穿姊姊穿過的衣服，所以我從未真心喜歡過那些衣服。當時的我當然不開心，偶爾對媽媽表示不滿，卻得到這樣的回應：

「又不是沒衣服穿，為什麼每天都把衣服掛在嘴邊？」

「我不像其他媽媽一樣買那麼多衣服給你們，是因為媽媽把這些錢投資在你們的教育上！」

在這樣的過程中，我想要穿自己挑選的衣服的渴望逐漸變成了羞恥心。穿著被姊姊咬過的粉紅荷葉邊外套，在幼兒園裡開朗唱歌的我，到了青春期開始嫉妒其他穿著昂貴漂亮衣服的同儕。長大開始賺錢後，像是要補償小時候的自己一般，沉浸在購物中，當時特別執著於粉紅色商品，也許是出於童年「無法充分享受自己喜歡東西」的缺憾。對年輕的我來說，最漂亮的莫過於充滿花邊的粉紅色洋裝。

「才不是，你小時候都穿很漂亮的衣服上學耶。」

某天，國一同班同學的這句話動搖了我的想法。是嗎？原來我小時候的衣服不差，原來當時朋友們常會羨慕我昂貴的衣服……但是我為什麼總是不滿地糾纏媽媽呢？為什麼開始賺錢後，會跑去買華麗的蕾絲、花朵圖案、天鵝絨、網紗絲襪、亮粉色的誇張公主風服飾？難道真像媽媽說的，單純是因為我浪費成性，是我的性格有問題嗎？

缺乏自我認同而產生的慾望

「小孩子懂什麼？」

這是大人們很容易無心脫口而出的話，但當我變成媽媽後，發現孩子有自己的世界，有自己的邏輯和情緒。有一天，我參加父母教育研討會，學到了作為父母最重要的任務就是學習「情感共鳴」。「爸爸媽媽站在我這邊」的情緒安全感，能使一個孩子成長為擁有「健康自尊」的成年人。

然而，執行這個任務並不容易，因為孩子們耍賴、吵鬧、哭哭啼啼、怯弱等行為常困擾大人，所以大人往往會這樣問孩子：「你到底為什麼要這樣？」

但是孩子們的情緒認知能力，尚未發展到能準確說明自己為什麼要那樣做的程度。面對無法好好解釋，盲目哭泣的孩子，大人往往不斷詢問：「你到底怎麼了？」

事實上，這與其說是提問，還不如說是夾帶著「不要反抗大人權威」的精神威脅。可是實際了解後會發現，孩子們想要的其實不多。

「啊！因為媽媽說不買這個給我，所以很難過。」

「對。我只是希望大家能體會我的心情。」

孩子們的耍賴是要求溝通和同理的行為。但不幸的是，大人們為了方便，就會動用權威漠視孩子的要求。

我一邊養育孩子一邊學習怎麼當媽媽。雖然父母會厭煩孩子耍賴的行為，但我們必須回應孩子們對同理的要求，才能讓孩子認知到自己是有價值的人。每當出言威脅和懷柔的誘惑掠過腦際時，我就會想起童年的缺憾，並笑著面對孩子。

我一生中聽過各式各樣的「不行」：

「不能和那種人交朋友，不要和她們一起玩。」

「和這樣的男人交往會很痛苦，分手吧。」

「做這種工作會很窮，做別的吧。」

「少買點衣服，多學點東西吧。」

父母說這些話，都是擔心我受傷或發生危險。然而，實際上該怎麼做以及真的發生問題時，我都有自行判斷和做決定的權利。

即使父母不說「不行」，孩子長大成人後也會自然而然學會什麼事情不該做，什麼人該避開。我們當然可以用「不行」來保護孩子免於眼前的危險，但這句話對往後必須獨立的孩子沒有幫助。

健康的自尊是指因為相信自己是有價值的人，所以可以給予自己支持的堅定信念。長大成人後，面對父母無法一一說明的各種威脅時，自尊就會成為保護自己內心的盾牌。「不行」會妨礙健康自尊的養成，因為我過去常聽到許多的「不行」，所以從一開始就認定我並沒有這樣的盾牌可以保護自己。

色彩心理學家說粉紅色是愛和同理的顏色，溫暖地包覆腹中寶寶的粉紅色，依然吸引著出世、長大成人的寶寶。也許是感受到了粉紅色的莫名吸引力，我對媽媽重複了數百遍以下的話。

「媽媽，可不可以愛我？」

「媽媽，我想以我本來的樣子得到大家的喜愛。」

成年後還嚮往公主風和粉紅色香奈兒包，不就代表著我無論如何都想得到愛的強烈渴望嗎？面對「不行」的強烈阻礙，我不得不順從，因此成長的過程中，我從未得到過真心的認同，我的存在也從未被尊重。我總是要看媽媽的臉色，比起「選擇」，我更需要得到「允許」。我從沒做過自己生活的主人。

粉紅色其實是關於我想穿衣服的慾望，以及想過自己生活的慾望，所以買再多衣服我也不覺得幸福。長大成人後自尊依然低落，結果在三十多歲時罹患了憂鬱症。

要愛上喜歡衣服的自己

真是神奇。雖然我從來沒教過，但從某一天起，孩子開始把「粉紅色」選為最漂亮的顏色，把「洋裝」選為最漂亮的衣服。孩子四歲那年的某一天說要騎腳踏車去幼稚園上學，照片記錄了當天孩子離開家的瞬間，我看著照片，發現孩子騎的是粉紅色腳踏車，戴粉紅色安全帽、粉紅色太陽眼鏡，穿著粉紅色連帽衫。「太粉紅了吧？」我立即又想：「為什麼不能太粉紅？」

我生下的「小人兒」有隨心所欲表達自己的權利，也有權得到媽媽無條件的情感支持。即使在媽媽我眼裡，這樣的粉紅時尚看起來太過火了，但那又如何呢？孩子長大就會了解除了粉紅色以外還有很多美麗的顏色，即使不是洋裝，也有其他能夠展現自己美麗的衣服。面對粉紅色的熱愛，孩子能因為媽媽給予的情緒支持而幸福，這就夠了。

那時，孩子看著電視、漫畫、電影裡的公主們，說自己也是公主。看到我穿禮服的照片也問了我：「媽媽也是公主嗎？媽媽當公主時在做什麼？」

看著孩子澄澈的眼神，我默默地微笑，內心卻說出了這樣的話：「其實啊，媽媽從沒當過公主。」

「成為公主」不單是指把外貌打扮得很華麗，而是像動畫中的小公主們被大人視為有價值的人一樣，不管我的情緒多麼幼稚，都會被尊重。

「只要是女人，都該當一次公主。」

基於這種想法，我們小時候穿俗氣的公主裝，結婚時穿婚紗。但是，我們當中又有多少人真正成為過公主呢？

原來需要愛自己

媽媽遲來的學習和我的購物成癮，看似不同，但其中存在著相同的本質，也就是治癒傷痛的「渴望」。媽媽和我的執著，與孩子以耍賴、哭鬧來表達希望得到大人的認同，沒有什麼不同。也許，媽媽和我的情況都是在高呼即使長大成人，仍然需要認同。

研究所畢業後，媽媽在老人福利館和社區活動中心教日文，看起來很幸福，但到了晚上，卻必須服用抗憂鬱藥物和安眠藥才能入睡。媽媽看起來似乎如願以償，但這仍然不夠。就像買衣服買到衣櫃快爆炸的我看起來雖然很開心，心裡卻總是在哭。

在我不得不停止論文寫作，費力治療憂鬱症的期間，媽媽一次也沒同理過我的痛苦，她給我的是冰冷的回應：「你的人生不成功。」

聽到媽媽的話，我病倒整整一個禮拜。那時我明白了，因為這麼一句話就病倒的我，其實一生都在渴求媽媽的認可。

我也忽然清醒過來：**我需要的不是媽媽的認同，我需要的是對自己的愛**。會生病就是因為我不知道就算沒有透過寫論文獲得社會地位，或者無法因此得到父母的認可，我也是個有價值的人。

但這並不意味著我討厭媽媽，也不是不能理解她。只是小時候只會用狠話養育姊姊和我，這難道不是媽媽的失誤嗎？媽媽可以選擇是否要道歉，但她拒絕了。

「你為什麼現在才這麼說？」

面對媽媽這種態度，我這樣回應：「不，就是現在才該這麼做。」

我一直都是聽媽媽話的乖女兒，但再也不能退卻了。在媽媽這堵堅硬的牆面前苦思之後，我打開了筆記本。我擁有把想說的話寫在筆記本上的自由，無論在筆記本上寫什麼，直到我決定放下筆前，誰都不能阻攔我。

給媽媽：

媽媽也從來沒當過公主吧？不管外婆曾經說過什麼，媽媽都是有資格當公主的人。不要一味地掩蓋自己的渴望，試著和內心的自己和解如何？

然後，請正式向我道歉。請告訴我你對沒能溫柔地跟有資格成為公主的二女兒說話感到抱歉。也請別再用「那時媽媽是希望你有好的表現才會那樣說」、「是你太敏感了」、「你個性本來就有問題」這些話來迴避。

媽媽，向女兒道歉並不代表媽媽的人生是失敗的。不承認自己犯錯，不道歉，反而才是不成功的母親，不是嗎？外婆沒有向媽媽道歉就去世了，但是我希望媽媽成為更好的媽媽，比外婆更好的媽媽。因為那是媽媽真正想要的。

我沒有機會給媽媽看這本筆記本。但是，這樣吐露心聲之後，我終於可以拋開「執著於衣服的我」，重新開始。

「對不起，我也沒辦法。因為我最喜歡衣服。」現在我不再羨慕歌曲〈多樂米帕索拉西多〉中的花子。我決定不再因為自己喜歡衣服而感到羞愧，不管遇到誰，我都要理直氣壯地說我喜歡衣服。

之後幾年過去了。衣櫃裡又多了一件件粉紅色的單品。今天我戴上粉紅色的手錶，隔天我圍上粉紅色的圍巾，另一天則穿上粉紅色大衣。

「媽媽，請愛我本來的樣子。」這是過去穿粉紅色衣服時無意識脫口而出的話。現在的我則是這麼說：「崔柔里，我愛原本的你。」

我因為愛我自己，每天都成為公主。人人都該當一次公主。

造就時尚的不是臉蛋

曾經讓我羨慕的香奈兒包

「柔里小姐，恭喜您成為這個月的心得女王！這是您累積的五萬點點數。」

接到常去的購物中心老闆來電，電話那頭傳來幹練漂亮的聲音，比起商品心得被選中，和她聊天更讓我開心。

相較於問我該讀哪些論文，別人更常問我在哪裡買衣服。我讀研究所好幾年了，卻還是邊緣人。雖然很多人會建議我趕快打起精神寫完論文，找個好工作，但奇怪的是，我從未羨慕過早我一步當上教授的前輩，或在社會上受到尊敬的教授們。

那時，我暗中嚮往就是那家購物中心的老闆。時尚是我一生都不被允許的單戀，但是以時尚為業的她堂堂正正地享受著樂趣。看著以名車、高級度假村為背景的宣傳照，苗條的她穿著華服，面帶微笑，她生活的世界是最完美的。

我想跟她一樣，所以把照片中她所穿的衣服一件件買回家。可是無論買多少衣服，我的生活還是老樣子，只有衣櫃變窄了。

「果然要造就時尚還是得靠香奈兒包啊！」

我當時下了這樣的結論。照片中她經常拿著香奈兒包，想進入她生活的完美世界，香奈兒包是關鍵。買了她賣的漂亮衣服和高跟鞋，我的生活還是不完整，問題可能出在沒有香奈兒包，只要有它，我的生活也會閃閃發光。

幾年後，我終於買到了香奈兒包，高興得像要飛起來了！但僅有一個月。生活又慢慢恢復成原本的模樣，即使擁有香奈兒包，我的生活還是很空虛。

「香奈兒包就只是這樣啊……」

即使領悟到這一點，我也沒有認真審視自己的生活，而是四處尋找可以改變我的其他東西，也就是論文和社會地位。這是沒有勇氣展現自我的我為了不辜負周遭的期待而做出的妥協，也以此為理由允許自己亂買衣服。

「只要成為教授，即使買昂貴的衣服，也不會有人說我什麼。」

我要成為獲得社會地位的消費主義勝利者。訂下目標後，我就像變成學者體質般，把所有精力投注在論文的寫作上，但是我投稿的論文被期刊拒絕刊載。雖然這是我可以克服的困難，但我的意志在得知被拒絕的瞬間蒸發掉了，因為我真正的重心從來都不是論文本身。從那之後，我就什麼事情都不想做了。

改變人生的一張照片

就這樣過了一年，某天我不想去研討會，便跑去看攝影展，沒想到看見了一張改變我人生的照片。

會場展示著二十世紀中期，擁有最高名聲和權力的政治家、演員、藝術家跳躍的瞬間。之所以做出這種動作，是攝影師菲利普．哈爾斯曼（Philippe Halsman）為了捕捉他們華麗的外表和內心世界而採取的策略。跳躍的瞬間，模特兒的身體會失去平衡，因而露出自己的真面目。攝影師以銳利的目光掌握了照片中模特兒所說的話、表情和姿勢，並將這些特徵與他們的人生連結。

參觀展覽時，我看到一九五〇到六〇年代的三位代表性女演員——瑪麗蓮．夢露、葛麗絲．凱莉和奧黛麗．赫本的照片。哈爾斯曼介紹說，她們是「三個愛情澈底失敗的女人」。有著不幸童年的她們夢想著幸福生活，並開始尋找愛情，因為天生的外貌優勢，她們都能在沒有太大困難的情況下與異性交往，但這並沒有保障她們獲得幸福。如同跳躍的瞬間所展現的不同樣貌，這三名女性獲得不同的愛情，度過了不同的人生。

首先是瑪麗蓮．夢露，她的照片裡不斷出現渴求愛情的假象。害怕自己充滿傷痕的內心被拆穿，她在跳躍的瞬間也緊緊抓住了「性感」這個面具。因為隱藏真實的自己，無法遇見真愛，最後不幸地結束了生命。

接著是葛麗絲．凱莉，她做出調皮的表情，小心翼翼的動作讓她不失優雅。以「誰都愛我」的傲氣作為武裝的她，選擇成為童話公主的道路，她直到死都在掩蓋自己的不幸。

最後是奧黛麗．赫本。看到她照片的瞬間，我不禁發出讚嘆。沒有優雅女演員的樣子，取而代之的是個一秒都沒猶豫，光著腳輕快飛起來的天真少女。她爽朗的笑容穿透照片，對我說：「我就是我，一點也不羞恥。」

照片裡沒有香奈兒包，也沒有名車，但是非常美麗。我淚流滿面，對三十多年來一直隱藏真實自己的我來說，這張照片是個衝擊。看了照片好一陣子，我把眼睛轉向哈爾斯曼對她生平的評價。

「她沒有放棄幸福，儘管離婚兩次，最終還是得到了幸福，且到死的瞬間都是幸福的。」

我的心臟劇烈地跳動：我想變幸福。心裡湧出一股想和她一樣的渴望，並不是想跟她一樣出名，或是老了也維持苗條——不是那樣的渴望，讓我怦然心動的是她的健康。

那天，我把那張照片存成手機桌布。每天因為各種原因要崩潰的時候，我會反覆看著照片，相信自己總有一天也能像她一樣幸福。但是，有個問題浮現在我腦中：

「為了像奧黛麗．赫本，我需要什麼？」

改變自己命運的奧黛麗・赫本

幾個月後，我聽到了好消息。奧黛麗・赫本的攝影展即將舉行。展覽的主題是「美麗之上的美麗」（Beauty beyond Beauty），我再次去看展。

走進展廳，我看到了年少時的奧黛麗，當時的荷蘭充滿二次大戰時的痛苦與恐懼、悲傷和憤怒。奧黛麗在會發生當街處決、屍橫遍野的地方過著苦日子，但令人驚訝的是，黑白照片中的少女表情卻不見陰影。少女在為抗戰運動募款的芭蕾舞表演中翩翩起舞，十分耀眼，當所有的配給中斷，必須節省體力時，她伏案畫圖，感激自己還能活著。

戰爭結束後，奧黛麗的家庭仍然十分貧困，但是少女懂得如何享受生活。媽媽幫她買到管絃樂季票，由於沒有車費，她只能走路，卻從未錯過演出。她穿著便宜的衣服，卻打扮入時，讓朋友們誤以為她是富家女。

到了快二十歲時，她好不容易獲得進入芭蕾舞學校的機會，但她不得不放棄從小懷抱的芭蕾舞者的夢想。因為在戰爭期間錯過了學習的時機，她的基本功不足，再加上大腳和大個子，被判定不適合跳芭蕾。

但是她沒有絕望，而是看到了希望，並改變了自己的命運。為了賺學費，她活用當模特兒打工的經驗，抓住了登台演出的機會。並且以此為跳板，在幾部電影中飾演配角，演出許多角色後，她最終被選為《羅馬假期》的女主角。

雖然剛出道就成為明星，但與其他女演員相比，她不被大眾和媒體看好。在當時的好萊塢，豐滿肉感的金髮女演員才受青睞。她也認為大眼睛，太過乾瘦的自己不漂亮，但是比起模仿其他女演員或貶低自己，她選擇愛原本的自己。

「不要隱藏自己的缺點，要努力把缺點轉變為優點。」

我又再次迷上她。為了觀看她演出的作品，我走進展廳內的小影像館。果然，她既優雅又有氣質，也表現得非常坦率，從不刻意讓自己看起來很漂亮，特別是電影《羅馬假期》中安妮公主的造型更是光彩奪目。

「是不是因為那套漂亮的紀梵希禮服呢？」在下這樣的結論時，我在影像館外看到了身穿同款禮服的假人模特兒。很奇怪，離開奧黛麗身體的禮服卻顯得黯淡無光。

我很快又想，這真是「造就時尚的是臉蛋」這句話的最佳證明。是奧黛麗・赫本稚嫩漂亮的臉蛋拯救了紀梵希的禮服吧？但這個想法很快又變了，因為我看到擔任聯合國親善大使的老年奧黛麗。照片中的她，臉蛋雖然因年老失去彈性，但依然時尚。

那麼，到底是什麼成就了奧黛麗・赫本的時尚？我匆匆瀏覽了照片中她的造型後，開始將目光轉向她的內心世界。我想多了解她的生活，於是踏進她成為母親後，曾和家人一起生活的瑞士之家「La Paisible」的模型。看到那無人能及的布朗尼食譜，以及她和家人之間往來的信件，我臉上露出了微笑。在那裡，沒有演員奧黛麗・赫本，她只希望能在沒有戰爭與痛苦的地方，和家人一起享受樸素的幸福。

與被禁錮在明星光環下的瑪麗蓮・夢露和葛麗絲・凱莉不同，奧黛麗・赫本不喜歡這樣的光環，這是因為她想守護自己的生活。儘管如此，為了幫助飽受戰爭和飢餓之苦的非洲兒童，她決定積極利用自己一生都希望擺脫的名聲，因為她的使命是，不能讓少女奧黛麗經歷的痛苦重演。滿臉皺紋的她重新站在大眾面前，但她並不因為皺紋感到羞恥，而是溫暖堅定地替兒童發聲。

如同躍向天空的瞬間，她在人生的每一刻都毫不猶豫地展現自己。奧黛麗．赫本在成為成功的女演員前，就是個不屈服世界所訂下的規則，並走出屬於自己之路的人。

奧黛麗．赫本一生都以自己真實的面貌活著，並且隨著歲月的流逝，成為更美麗的人。

第一次不需要香奈兒包

「造就時尚的是臉蛋。」「造就時尚的是身材。」

關於是什麼造就時尚已經爭論了相當長的時間。成為摩納哥王妃的葛麗絲．凱莉擁有美麗的臉蛋，二十世紀的性感象徵瑪麗蓮．夢露則擁有性感的身材。這兩個人是超越時代的時尚偶像，這是誰也無法否認的事實。

但從奧黛莉．赫本身上，我發現造就時尚的不是臉蛋，也不是身材。她從未因為時尚而拋棄過自我，比起他人的眼光和流行，她更忠於自己的意志和信仰。她在電影《儷人行》中，沒有追隨當時美國中產階級女性的穿衣流行，而是親自挑選成衣，打造出全新的風格。第二次結婚時，她穿了一件活潑的粉紅色毛絨小洋裝，看起來像是在社區的服裝店買的。

她不想成為時尚達人，而是想做自己。相信自己，並愛著自己的她是如此健康，也許就是這樣的健康讓她的臉龐、眼神，以及所穿的衣服都散發光芒。造就時尚的既不是臉蛋，也不是身材，更不是我過去嚮往的香奈兒包。造就時尚的是自信。

奧黛麗・赫本的照片是一張前往另一個世界的邀請函。為了進入她的世界，我需要的是尊重自己的心。

之後，我決定找出躲在「忍氣吞聲的模範生」這個光環背後的自己，並讓自己走出這樣的束縛。我從一開始就不需要香奈兒包。穿上「自己」的人，不論流行趨勢如何，都能穿出自己的風格，所以不論穿什麼衣服都光彩動人。我決定成為那樣的人。

沒被錄取真是太好了

教師休息室的服裝潛規則

從二〇〇二年開始，我在私立高中擔任了五年的代理老師。後來，學校在最後一年通知我不再續簽合約，於是在博士班休學了三年後，我選擇復學，因為如果不復學，我將會被開除學籍。就這樣，我被迫回到大學。那五年間，我為了成為正式老師，付出了許多努力，但最終還是失敗了。每次在研究室發呆時，我都會回顧過去五年的錯誤，並為此自責。

「不了解社會潛規則的我真是不懂事……」

其中最讓我洩氣的是，我連教師休息室的服裝要求都沒能好好配合。下班後，和同齡的代理老師們一起逛街時，我們常有以下的對話。

「你這件衣服好漂亮，但是可以穿這樣去上課嗎？」

「我明天如果穿你這件衣服去上課，和主任打招呼時，他不知道會有什麼表情。」

「穿這件衣服去學校很好啊，學校太沉悶了。如果是L老師的話，應該也會喜歡喔。」

教師休息室保守的服裝潛規則一直是我們的笑柄，但也很清楚不得不遵守。每天早上打開衣櫃，拿出灰色裙子、黑色毛衣、黑色西裝外套時，我總會忍不住嘆氣：「唉，真無趣。」

當時只有穿著不起眼衣服才能生存的現實，以及不得不順從的無力感。偶爾隨心所欲穿著如鸚鵡羽毛般華麗的衣服，或公主風衣服上班時，總會在教師休息室感受到異樣的眼光。

「你這件衣服在哪裡買的？好美喔！」每當有人穿著中年老師造型的新衣服上班時，其他穿著類似的人總會蜂擁而至，像這樣讚不絕口。我當時身為教師休息室的邊緣人，總在心裡嘲笑這樣的景象，但真正被嘲笑的對象其實是穿著公主風衣服的我。其他人的新衣只要忠實地遵循教師休息室的穿衣規則，就足以獲得認可。

為了解悶，每次周末出遊，我都盡可能地打扮得很花稍。彩色隱形眼鏡、有毛邊的華麗紫色針織衫、亮面短裙、網紗絲襪，這樣的打扮實在太招搖了，但也是一種解脫，暫時擺脫職場要求的保守性。無論職場中的服裝潛規則為何，我都想擺脫這些束縛。

所有職場都有服裝潛規則

博士班復學，我也同時擔任兼職講師，負責的課程是教學理論。實習老師們上學期必修理論課程，下學期則是分組教學演練。教學演練的形式是發表者穿著便服，如實際教學般模擬四十到五十分鐘，之後由講師和其他學生針對表現和內容給予建議。

我告訴學生，教學演練必須視同實際的教學情況，發表的組員們均需穿著正式的服裝出席。因為我想告訴還是大學生的他們，成為老師後，得體的穿著打扮有多不容易，希望幫助他們避開我之前還是菜鳥老師時所犯的錯誤。

我在師範大學的教育學程中，沒有接觸過教師休息室的服裝規則等任何常識或技巧，也因此成為老師後，沒辦法察覺到穿著保守的氛圍，我的穿衣風格跟教師休息室服裝潛規則相去甚遠，自然會發生衝突。基於這樣的理由，這些一直以來被視為「沉默的常識」的穿衣規則，我認為有必要「明確地」告訴學生。

過去未曾在其他課程接觸這些內容的學生一開始非常驚慌。雖然學習穿搭比想像中困難，但在課堂上討論這樣的主題仍然讓他們十分興奮，學生們很快就開啟了好奇心。

「襯衫搭黃色背心可以嗎？」

「裙子的長度要多長才適合？」

「可以穿牛仔褲上班嗎？」

「可以穿有拉鍊的針織外套嗎？」

當時，我的回答大致如下：「其實啊，盡可能穿得保守才是最安全的，但是每個學校的教師休息室氛圍都有些許不同，所以最好先觀察一下。如果氣氛稍微自由一點，就有發揮的餘裕，但最好的方法就是跟著其他老師穿。有時年長老師的穿著較隨心所欲，我並不推薦模仿他們的穿搭。」

老實說，我也不喜歡在學生面前說這些令人洩氣的話，但在職場上，這才是正確答案。

任何職場都有大家默認的服裝潛規則。剛踏入社會的新鮮人必須做的事之一就是盡快掌握這些服儀規則，並與自己的風格巧妙地進行折衷。離開私立高中後，我以為自己之前的問題在於缺乏那折衷的能力，因此試圖借鑑自己學到的教訓，告訴學生們折衷的方法。然而，我後來發現自己真正缺乏的並不是折衷的能力，我錯過了比這更重要的東西。

過去不足的是探索自己特質的過程

我缺乏的是對自我特質的探索。重新成為博士班學生五年後，為了擺脫憂鬱症，我開始探索自我。經過種種探索，終於找到了自己的特質，那就是自由的靈魂——波希米亞。

波希米亞人是拒絕社會既定框架的人。即使該框架是安全網，但試圖悄悄從這張網溜走是波希米亞人的特性。只有那框架與自己的信念一致時，他們才不避諱配合該框架。

之前，我忽視了對自我的探索，產生了一種錯覺，認為教師這個職業很適合我。我確實很喜歡教書，但是比起教書，更喜歡分享我打破既有框架的想法。直到現在，每當談起我的想法時，都會不知不覺越來越興奮，眼睛也閃閃發光。

在課堂上，比起照本宣科，我更傾向努力教導教科書上沒有的東西。學生們從我的穿著領悟到這些想法，並接受了這些新穎的想法，因此我的課很受歡迎。

常見的狀況是，學生尚未理解教科書中的學者所提出的理論，就將其背下來。我在私立高中教了幾年的社會文化，發現他們只是盲目地背誦，真的很可惜，我想把「探索」的樂趣介紹給學生們，不只是教導理論的課程，而是引導他們像學者一樣提出假設，透過問卷調查推導出結論。在上那堂課的幾個星期，學生們表現出超乎預期的熱情。

不過，當時主任問我：「我也理解你們這些年輕的老師想做什麼。但是，如果他們考不上大學，崔老師能負責嗎？」

「學生們喜歡這門課」這件事並不重要。學校並不看好穿著顯眼衣服的老師嘗試與眾不同的授課方式，嚴厲的目光和無言的斥責是對我的衣服，以及我這個人的冷淡批評。

「老師這個職業可能不太適合崔老師，你當老師太突兀了。」

關係比較親近的前輩開了這個充滿關心的玩笑，他看到教師這個職業和我的個性存在著難以縮小的差距。

如果再努力一點，也許能找到折衷的方法。但我當時之所以沒有努力這麼做，是因為潛意識中認知到這個職業的特性與我的特質間存在著隔閡。如今回想起來，連服裝規則都無法配合的我並不是不懂事，我只是在不適合自己的地方工作才這麼不適應。

好工作的標準

「你是首爾大學畢業的啊，居然只是代理老師嗎？」

雖然我每年都有升為正式老師的機會，卻從未被雇用。不斷換學校的我不知不覺間成為「首爾大學的魯蛇」，我必須在嘲笑的目光和羞辱感中，繼續為首爾大學這個標籤努力，當時還是代理老師的我忍下了這些不合理的攻擊。

當時，我只希望盡快成為擁有「好工作」的人。我想藉此解決對未來的不安，證明自己不是「魯蛇」，並擺脫周遭那些叫我要打起精神的人。

只有我沒有正職的「好工作」，當時對我來說就像沒有ＬＶ包包一樣令人難過。

但是，沒有被學校正式錄取真是萬幸。離開學校之後，我才領悟到以悠久的歷史自豪、有著美麗校園的母校只不過是一座美麗的監獄。在「聖骨[1]」大學，以及同一集團的「真骨」大學畢業生備受禮遇的社會，我不過是「六頭品」。

即便如此，我也沒參加過教師甄試。雖然覺得自己的處境很悲慘，卻不想去公立學校，只是在旁看著同是代理老師的同事都轉為正職，大學同學一個個被分發到公立學校。為什麼我會這麼不積極呢？

過了一段時間後，我才發覺自己真正希望的並不只是擺脫「失敗」，找回穩定而已。回顧過去，我從來沒喜歡過學校這個職場，也沒喜歡過老師這份工作。學校並不是我想待一生的職場，雖然我很感激這份工作，但這僅是賺取房租和生活費的手段。在那裡，我無法做自己，也不幸福，教師這份工作不是我的天職。

承認自己在一般人認定的好職場工作並不幸福，是審視「自己是誰」的出發點。我審視自己無法乖乖配合職場穿衣規則的不舒服，或是看著勉強配合的自己所感受到的不對勁，這些都是證明老師這份工作不適合我的線索。但是他人眼中的好工作使我盲目，也因此忽略了這些線索。

所謂的「好工作」並不是他人認可的工作，而是能發揮所長的工作。因為不了

1 骨品是指骨骼（骨）的等級（品），即天生的身分。骨品制是區分新羅統治層，即貴族等級的身分制度。由上而下分別為聖骨、真骨、六頭品、五頭品、四頭品五個等級。

解這一點，所以博士班復學後，我依然努力去爭取好工作。也因為不知道何謂好工作，我汲汲營營於避開眼前的不便，結果就是我必須面對這一生從未經歷過的憂鬱症所帶來的沉重痛苦。

這是我第一次這麼想死，但真的面對死亡時，卻又覺得自己活得如此不幸，就這麼死了，實在很委屈。

從那時起，我就很珍惜每一分每一秒。之前的我從事不喜歡的工作，任珍貴的人生流逝。沒有人能代替我度過人生，然而我一直連自己是誰都不知道，看著周遭「愛管閒事」的人的臉色生活，現在，我終於下定決心改變。

因為我的人生是我自己的。

「你不後悔放棄博士學位嗎？」常有人這樣問。

在三十歲後半，我放棄了一直以來所做的一切。我過去一直以「捨不得好工作」為由，死命抓住不是自己天職的工作，這樣愚蠢的行為豈不就像吃到不美味卻昂貴的食物，但因為捨不得已經付的錢就勉強自己繼續吃一樣？如果能在太遲之前回頭，越快挑戰自己的舊觀念，接下來的人生就能越快被幸福填滿。

「你是如何找到如此適合自己的工作？」

每當有人問起這樣的問題，我會告訴對方，與其說我「找到了」，不如說是「遇見了」。當時為了治療憂鬱症，我會漫無目的地想到什麼就寫下什麼，邊寫邊整理在生活中、學校裡，甚至是「魯蛇」時期所學到的東西。於是，我看到了自己擅長什麼，喜歡什麼，就這樣遇見了「時尚治療師」這個天職。

我雖然放棄了老師這份工作，但其實沒有失去任何東西。我活到現在的所有經歷造就了現在的我。如果沒有過去十年的教學經驗，我也不會有從內向變外向的機會，也就很難勝任時尚治療師的工作。要不是學了各種各樣的學問，我可能無法建立自己專屬的時尚哲學。

作為「魯蛇」的過去也不該是需要抹去的黑歷史，這是必要的過程，也是祝福。如果沒有罹患憂鬱症，我就無法找到自我特質，並穿上能展現自我的衣服。如果我沒有成為魯蛇，就可能被束縛在菁英主義中，無法具備理解各種人的同理心。如果我未曾購物成癮，就無法養成「合適的穿搭習慣」。

我比過去任何時候都更有熱情地活著，所有的選擇都由我自己負責，我不想在這樣的熱情中失去自我。所謂的好工作，不是他人認為好的工作，而是「不失去自我的工作」。

我沒被學校錄取真是太好了。

給穿首爾大學棒球外套的學弟妹們一些建議

大學生對大學棒球外套的熱愛

在韓國這樣學業競爭激烈的國家，首爾大學具有象徵性的意義，但對我來說，這只是「我們學校」，從一九九六年錄取後，到放棄博士學位為止，我在這裡待了二十年。對長時間在學校生活的我來說，撇開學校名聲，首爾大學其實是生活很不方便的地方。

要列舉不便之處，實在沒完沒了，尤其是冬天的校園，真的讓怕冷的我很難忍受。我還記得大二時，在地鐵看到有人三月了還穿著牛角扣厚外套，當下覺得很不可思議，後來發現他和我同樣都在首爾大學站下車後，不禁會心一笑。

二〇〇七年博士班復學後，我發現印有斗大校徽的棒球外套佔領了校園，這是之前從未看過的景象。在穿著及膝羽絨衣和雪靴還是冷得受不了的天氣，很多學弟妹們還是穿著沒有禦寒帽子，也無法覆蓋臀部的短棒球外套（過了十年後，現在佔據校園的換成印有斗大校徽的長羽絨外套）。

當時我兼任授課的其他大學情況也是一樣。大家熱情地把連科系都印上去的棒球外套稱為「校服」，興奮地穿來上課。我很困惑，為什麼要這麼興奮地穿既不溫暖也不漂亮的外套呢？

我問班上的學生為何要穿棒球外套，但沒有人能說出確切的理由，我只得到無法消除心中疑問的無趣回覆：「因為如果睡過頭，就不用煩惱要穿什麼，只要套上棒球外套來上課就行了。」

在我中斷論文寫作，嘗試寫散文時，有個經營英語補習班的朋友託我購買印有首爾大學校徽的文具，因為她想送給表現好的學生當禮物。我前往學校的紀念品店時，果不其然和幾位穿著校徽棒球外套的學生擦身而過。抵達紀念品店後，我到文具區將橡皮擦、原子筆、文件夾、筆記本一一裝到購物籃內，瀏覽其他商品時，在店內一角發現學校徽章，上面印著：「Veri Tas Lux Mea」（真理是我的光芒）。

標示自己成就的物品

在我還是大學生的一九九〇年代，流行的不是棒球外套，而是書包。當時最受大學生歡迎的是 EASTPAK 和 JanSports 的背包，各大學都販售與這兩個品牌設計相似，且印有學校名字的書包，許多大學生也都背著這樣的包包上課。那時每天都能在地鐵上看到有人背著印有校徽的書包。我則是在熱門的 EASTPAK 背包上別上學校徽章，上面就印有校訓「Veri Tas Lux Mea」。

印有校徽的棒球外套或書包可說是取得某個「地位」後感到開心的表示。大一時，每當我稱呼首爾大學為「我們學校」時，心裡都充滿感激，也盡情享受成為首爾大學生的成就感。但現在回想起來，大學時期真正取得的成就卻寥寥無幾。

朋友收到文具之後，傳訊息跟我說學生們為了首爾大學的資料夾展開激烈競爭，因為上面印著首爾大學正門口裝置藝術發光的夜景。對學生們來說，「首爾大學生」的地位可能是他們最想取得的成就，希望能盡快進入照片中裝置藝術所在的首爾大學大門。

進入排名最前面的大學是這些孩子的人生目標。我也曾是那樣的孩子，因此不想否認印有斗大校徽的包包和棒球外套可以紀念這樣的成就。

學校標籤給不了的快樂

我曾在首爾一所高中擔任代理老師，S是當時的學生，到現在仍與我保持聯絡。他對我說過：「老師，經濟學真是有趣！」

S當時興味盎然地閱讀我給他的大學經濟學教科書摘錄本，他以仔細收集這些資料自豪，是個有著開朗笑容的少年。在學校被譽為化學天才，喜愛探索的S現在已經成為外科主治醫師。其實大學時期，他的志願是內科，我問他選擇的原因，他帶著令我不解的笑容回答：「因為我只做有趣的事！」

幾年後，S成為第二年住院醫師，許久沒見面的我們約在醫院附近吃飯。我問S為何後來選擇了外科而非內科。S做出這個選擇的原因本質和之前是一樣的：「因為可以享受手術這種極致的樂趣！」

S不執著當初所擅長的主修，只是希望能探索自己喜歡的事物，進而享受快樂工作的喜悅。聽了S述說著醫大時期故事，我非常羨慕。

「醫大能讓我嘗試不同的主修後再選擇，這真的是很棒的制度。」S表示在選擇主修前那段探索的過程，才是他在醫大所享有的最大特權。後來由於醫院發生緊急狀況，我們沒再多聊就解散了，但當我開車回家時，坐在駕駛座上的我嘴角是上揚的：「S真是幸福的少年啊！」

我教過的學生中，除了S之外，還有現在已經親如妹妹的Y。那時我在高二理組班教社會文化這門不怎麼重要的科目，某次上課看到Y用一面巨大的鏡子在看自己的臉，我便沒收了她的鏡子。Y在學校是以優秀成績聞名的風雲人物，而我當時只是名不見經傳的可怕老師，Y倒是毫不畏懼地來找我要回鏡子。

聰明與美貌兼具的Y，那股野心勃勃的樣子很像高中時期的我，我們同樣受到師長關注，且鼻子高挺。我把鏡子還給Y，嚴厲地告訴她：「我和你不熟，但你看起來是聰明的學生。然而，如果不好好專注在學業上，是不可能考上想要的大學。」

我的一番話似乎傷了在學校一直受到讚揚的Y的自尊心。但是，在接下來一年的社會文化課上，Y成了我的鐵粉，她很認真念書，隔年考上了首爾大學的工程科系。和其他老師的祝賀不同，我對沉浸在「成就感」喜悅中的Y說了相反的話：「你知道進入那個科系後要學些什麼嗎？我覺得那個科系可能不適合你，在填寫入學申請書前，為什麼不和我商量？」

當時Y沉醉於考上首爾大學的成就感，沒有聽我的話。幾年後，我再次多管閒事地問當時已經大三的Y：「你畢業後想做什麼？」

Y無法欣然回答。她很有野心，雖然應該選擇一條路，但只要是好工作她都想嘗試。留學回國後，她想成為教授，也希望成為三個小孩的媽媽，最後進入以業界最高年薪著稱的大企業。我雖然無法詳細了解Y在那間公司經歷了什麼，但她後來腦中只有一個想法：「這不是我想要的！」

資歷和年薪樣樣不缺的Y所缺乏的是「喜歡的工作所帶來的幸福」。Y不顧親友的提醒和擔憂，進入公司兩年後就提出辭呈，申請到師範大學就讀。她在他人最羨慕的位置提出「我是誰」這個疑問。

這兩個剛滿三十歲的學生，無獨有偶地以不同的生活面貌對我說了相同的話：「擁有多數人嚮往的校徽，以及世人的認可並不意味著幸福。」

S在年輕時未經長時間的徬徨就找到真正的自己，從事能讓自己幸福的工作，並以此工作賺錢。雖然考了三次才考上醫大，但幸運少年S在這點上已經算是非常好運。Y在人人稱羨的好公司看著自己不幸福的樣子，開始探索自我，雖然現在仍未找到答案，但她表示一點都不惋惜自己拋棄的標籤。對她來說，一流大學和大企業的標籤就像已經付款的無聊電影票，只是「沉沒成本[2]」。

拋開可怕的標籤

幾年前的三月，我坐在學校內的小咖啡館看書，聽到鄰座女學生的對話。她們都是剛升上大四的英語教育系學生，其中一位想留學，但不知道回國後會如何，所

2 經濟學名詞，指已經付出、無法回收的成本。

以也在考慮直接參加招聘考試。朋友們給了她一些忠告：「你在想什麼啊？你想做的事情簡直是南轅北轍，無法兜在一起。」

由於已經獲得「首爾大學」的標籤，野心勃勃的她省略了「我是誰」的探索，正在尋找下一個目標，也就是下一個「標籤」。我雖然有很多話想對那位女學生說，還是安靜地離開咖啡館。因為我想起了過去和她們相像的自己，我雖然會以學校徽章表達獲得這項成就的喜悅，卻不知不覺在世界規定的目標中迷失了。我在不知道自己喜歡什麼的狀態下年紀漸長，**即使長大成人，我也在為了得到外部的掌聲和他人的認同而活**。

我當時離開咖啡館的決定性理由是，雖然也在尋找「自己是誰」的答案，但尚未得到任何答案。我透過書寫告訴自己要愛那個喜歡衣服的我，雖然我喜歡寫作，並下定決心成為作家，但是向各出版社提出的出版企劃案都被回絕了。我告訴自己要有自信地活著，並活得精采，但事實上，我沒有勇氣拋開印有校徽的博士袍，走向新的道路。

拋開學校標籤穿上真正的「自己」

然而，這時有個人鼓勵我大膽拋開學校的光環。

《從0到1》的作者彼得．提爾從史丹佛大學法學院畢業後，應徵大法官助理一職卻失敗了，後來他選擇成立PayPal。

「不要競爭，要壟斷！」

他所建議的生活完全顛覆我的常識。在高中教經濟學的我能夠說明「完全競爭」的益處，他卻認為「完全競爭」是未來我們最先要拋棄的舊意識形態。據他所說，那些強調「完全競爭」的經濟學者對某些人以牟取暴利維生的問題漠不關心，經濟學家只是借用了物理學的研究成果，把「完全競爭」描述成一種均衡狀態，並對此大表讚賞。

我們渴望更高的薪資、更好的資歷，為了忠於競爭體系而奮鬥，往「菁英路線」這個毫無意義的目標邁進。在此過程中，讓自己與他人不同的特質和夢想理所當然地被忽視。越是想成為競爭體系的一員，越容易被完全競爭市場的其他參與者取代。

我從彼得．提爾的文字中得到許多勇氣。我的特質成為我的品牌，也成為其他人無法與之競爭的壟斷性商品。開始做沒人做的事，雖然可能看起來像「傻瓜」，但我有機會成為創造新價值的創業者。這意味著即使我無法成為像彼得．提爾那樣成功的創業者，我也能從自己的價值中看到新的可能，並藉由不斷提問，找到自己的特質與價值，從而過著精采的每一天。

「彼得，你沒成為法官助理真的不會不高興嗎？」這是相識十年的朋友問彼得的問題。彼得坦言，因為那次落選，他得以進行其他挑戰，享受創造新事物的精采生活。

我發現自己害怕的不是摘除學校的標籤，而是被學校的標籤變成「和大家一樣的人」。我得出的結論是，如果不拋開學校標籤，就無法成為《從0到1》的主角。不鼓起勇氣行動，什麼事都不會發生。

幾天後，在校園散步時，看到路過的學弟妹們，只有不到百分之二穿著得體，我決心展開一項挑戰。抱著破釜沉舟的決心，我在校園的公布欄貼上這樣的告示：

「放下博士論文，幫你做造型！」

過去的我只做他人規定好的事，這是一直等待他人下指示的我，第一次自己計畫並執行的事。很快地，意想不到的事發生了，我收到出版社的邀請，「時尚治療師」成為我的新工作。

現在領悟還不算太晚

有些學弟妹總是在春秋兩季穿印有校徽的棒球外套，在寒冬穿印有校徽的長羽絨外套，我想告訴不知該如何穿搭的他們一些事。

請不要再像個夢想進入首爾大學的高中生一樣，嚮往自己擁有與其他人相似的資歷、年薪和職業。**真正的幸福不是校徽或大企業光環所能給予的，而是透過回答「我是誰」而領悟的**。我們真正該穿上的不是校徽，而是自己的名字，現在領悟這點還不算太晚。

在尋找自我的過程中，不要陷入不必要的自我懷疑中，一定要相信自己！

CHECK LIST

穿搭達人

常常有人問我：「該怎麼做才能成為穿搭達人？」

我認為「穿搭達人」與時尚界所說的「衣架子」有點不同，以下將介紹「穿搭達人」應具備的條件。首先，請閱讀下列清單，檢視自己是屬於Yes或是No。

1. 穿搭時，比起他人的評價，更在乎自己的滿足。
2. 認為所謂時尚就是穿上吸引他人目光的衣服。
3. 如果穿黑色衣服或太華麗的衣服反而無法突顯自己的臉。
4. 比起自己喜歡的顏色，更偏好適合自己的顏色。
5. 比起流行的衣服，更偏好穿符合自己風格的衣服。
6. 偏好買一套不需要搭配的衣服。
7. 雖然穿搭是一種直覺，但不喜歡參考有這種直覺的人所推薦的衣服。
8. 總是在開心購物回家後的瞬間就開始煩惱：「這件衣服可以搭配哪一件？」

9.看時尚雜誌的主要目的是學習造型師的穿搭方法。
10.買的時候看起來不錯的衣服，回到家穿起來卻覺得很奇怪。
11.比起有需要時才買衣服，平常就常常抽空買衣服。
12.出門前不會照鏡子。
13.外出回家後會檢查衣服是否有髒汙或起毛球。
14.不了解自己的衣櫃有哪些衣服，也不知道自己需要那些衣服。
15.買衣服前，比起研究流行趨勢或網紅的穿搭，會先打開自己的衣櫃。
16.職場穿搭沒問題，但總是煩惱不上班的日子該穿什麼。
17.知道該如何不穿得很正式也能舒適有型。
18.總是在壓力大時買衣服。

分數計算方式↓奇數項Ｙｅｓ的話＋１，偶數項Ｎｏ的話＋１

13分以上的您已經是穿搭達人了。

7～12分的您有很大的潛力成為穿搭達人。

6分以下的您仍須學習如何成為穿搭達人。

HOW TO

穿搭達人＝愛自己的人

我認為穿搭達人應該是「愛自己的人」。我無法將看時尚雜誌、盲目跟隨流行穿搭的人定義為穿搭達人。在此，我為了想成為穿搭達人的您詳細介紹買衣服的技巧和搭配方法。

1. 不要問別人，而是問自己「我今天看起來如何？」

這是我們常常看到的問題。「不太會穿搭的人」會問別人這個問題，但「穿搭達人」則會問自己這個問題。問別人這個問題的瞬間，不論答案是肯定或否定，都已經輸了這場比賽，因為問了別人這個問題後，我今天的穿搭就由他人的評價決定。

但如果不顧慮他人的眼光，只為了滿足自己，就能將他人的評價拋在腦後。即使有人下了「你今天不怎樣」的評價，你也能回答：「那只是你的想法！」因為愛自己，所以眼裡充滿自信的人，不論穿什麼衣服都會很好看，對吧？

2. 不要「打扮得很招搖」而是要「好看」

「不太會穿搭的人」總是很在意他人的眼光，卻不太重視與他人的溝通。他們總是想以一套衣服吸引他人的目光。如果是舞台上的明星，這樣穿搭是正確的，然而，對過著平凡生活的我們來說，太過招搖的衣服只會聽到別人說「喔，你今天打扮得很特別」，但不會讓你與他人的溝通變得更順利。

穿著華麗衣服的人可能多少都有過他人覺得自己難以接近的經驗。穿搭的本質是溝通，是與自己溝通，也與他人溝通。衣服應該要能為溝通加分。一味追求時尚，必然會遠離穿搭的本質。「穿搭達人」雖然不太做花稍的打扮，但總是很耐看，也是會讓人覺得他很「好看」的人。

3. 比起流行更應重視自己的本質！

「霓虹羽絨長外套是本季必備單品！」這是社群媒體上常見的行銷手段。即使所有的人都需要霓虹羽絨長外套，服從這個命令的瞬間，我們就會成為時尚的犧牲品。

時尚界的生產者和媒體對穿衣服的人的生活沒有興趣，他們只想賣新商品，只關心銷售。流行的單品，即使只過一年，都很難再穿出門，買這些衣服只會讓你的衣櫃漸漸淪為看似衣服豐富，實際上卻很貧乏。探索自我，並決定自己專屬的穿搭風格，就不會再被這些行銷話術所吸引，也不會每年都購入這些時尚單品。

4. 比起接受穿搭治療更應該自己選擇

「不太會穿搭的人」會去接受配色治療，「穿搭達人」則自己選擇顏色。對不太會穿搭的人來說，如果有人診斷出適合自己的顏色，馬上就能減緩穿搭焦慮。然而，顏色本身帶來的治癒效果其實比想像中要大得多。如果不相信的話，請馬上把光是看著心情就會變好的顏色披在身上拍照看看。

即使膚色和自己喜歡的顏色不搭配，也不是沒有解決辦法。可以把喜歡的顏色穿在離臉部較遠的部位，也可以用面積較小的鞋子、包包或手錶等試著挑戰自己喜歡的顏色。選擇自己想要的顏色，穿上衣服會更快樂，會更愛擁有這種勇氣的自己。「穿搭達人」就是能穿上喜歡的顏色，並因此而幸福的人。

5. 不是穿一套漂亮的衣服，而是整體搭配得當

「穿搭達人」不是穿一套漂亮衣服的人，而是會把看似無聊的衣服組合起來表現自己，就像樂高一樣，是透過相似的品項組合出各式各樣的結果。如果直接買一件配色完成度高的衣服（例如碎花洋裝），可以省去穿搭的煩惱，但這種衣服卻沒有其他的搭配方式。我為了享受穿搭的樂趣，會選擇買單色衣服，如此一來就能用這些衣服搭出不同的配色。將簡約的衣服組合在一起後，再以包包、鞋子、飾品增添層次感，強調整體的造型風格。只要成功一次，就會無法自拔地陷入穿搭真正的樂趣。

6. 穿搭不是憑直覺，而是理性思考的結果！

如果說穿搭的好壞完全憑直覺，那麼想要成為穿搭達人，我們可能只有重新投胎一途了。多數人的策略通常是選擇模仿有穿搭直覺的人，我過去也常常這麼做。以這種方式買衣服讓人安心，但因為不是完全由自己選擇的衣服，所以總會覺得這些品項好像不太適合自己。

如果把穿搭視為理性思考的結果呢？那我們就沒有必要重新投胎，只要學會穿搭的技巧就行了。當然，這與盲目模仿他人相比，很難立即看到明顯的效果，但是在穿搭的過程中，「自己擁有決定權」是非常令人興奮的經驗。

7.「買的樂趣」vs.「穿的樂趣」

如果穿搭成為理性思考的領域，就會產生「穿的樂趣」而非「買的樂趣」。若認為購物雖然有趣，卻很難搭出自己的風格，這是因為你不了解「穿的樂趣」。如果不希望買了一件衣服後，還得煩惱「該怎麼搭配」，那麼一開始就該問自己「要穿什麼」，並依據答案定好相關計畫。

這和做菜很像。料理高手會看著好食材思考食譜，但一般人往往是決定菜單，確認食譜後才去市場買食材。應該沒有人會期待在市場隨便買買，就能在廚房裡輕鬆又順利地做出美味的料理。但是盲目地買了一堆衣服後，期望自己能搭出好造型的人卻比想像中多。為了追求「買的樂趣」，盲目地購物，看似能解決穿搭問題，結果只是陷入衣服很多，卻沒有真正可穿的品項的惡性循環。當然，買一件符合理想條件的衣服並不容易，但是在發現自己長久尋覓的衣服那一刻，「買」的樂趣也相當大，而「穿的樂趣」也會隨之而來。

8.「活動≠購物訊號」vs.「活動＝購物訊號」

我已經不再因為收到朋友的喜帖而買新衣服了。比起參加婚禮的衣服，我更偏好購買符合ＴＰＯ（Time Place Occasion）的衣服。如果有特殊活動，只要打開衣櫃，依據ＴＰＯ搭配即可。如果在活動前夕才急急忙忙購買新衣服，只會增加「因為太特殊而穿不到五次以上的衣服」。所謂的穿搭達人，是在平常穿的衣服加入一點變化，配合ＴＰＯ，穿著得宜的人。

9.「你買了新衣服嗎？這確實像是會出現在你衣櫃的衣服呢！」

每次買相同的衣服回家時，家人或朋友都會說這句話。這句話對「穿搭達人」來說可能是稱讚，但對「不太會穿搭的人」來說，聽起來就像批評。「穿搭達人」即使每次都買不同的衣服，給人的感覺也是符合他們風格的衣服，這是因為他們衣櫃的風格很明確。相反地，「不太會穿搭的人」不是因為風格明確，而是害怕穿搭失敗，才總是買相似的衣服。

10. 購物前檢視衣櫃 vs. 購物前搜尋流行趨勢

穿搭達人購物前會先打開衣櫃，這與決定菜單後，去市場買食材前先打開冰箱的道理是一樣的。如果想再多做一些準備，建議將平時穿搭的照片存在手機裡，如此一來，就能買到可以和衣櫃內的衣服相互搭配的新衣，也可以防止買到相同的品項。不太會穿搭的人買衣服之前，比起打開衣櫃，更偏好模仿網紅的穿搭或流行趨勢，只是用這樣的方式買到的衣服，幾乎不可能成為自己的衣服。

11. 我是誰？

穿搭達人三百六十五天都能買到並穿上能展現自我的衣服。上班的穿搭散發自信，平常的穿搭也散發魅力，牛仔褲配上帶有正式感的外套和襯衫，可以參加讀書會，直筒裙搭配牛仔外套和牛津鞋，也可以參加早午餐聚會。我忘不了高中郊遊時，穿著西裝皮鞋站在登山口的歷史老師，當時他是個二十來歲的單身漢，完全不知道該如何穿便服，也不知道該如何購買。

如果你不知道該穿什麼便服，不妨認真思考一下：「我是誰？」找到這個問題的答案，買便服的錢包就打開了。在各種場合穿著帶有自己特色的衣服是一件開心的事。

12. 時尚來自和諧

我直到三十幾歲都還認為「時尚＝禮服業」。諷刺的是，我是看到特別的穿搭，才發現這個等式可能是錯誤的。比起西裝筆挺的男性，休閒褲配襯衫和毛衣，再搭一雙休閒鞋的男性看起來更帥氣。舒適的穿搭也能很時尚，因此建議可以慢慢淘汰強調腰身的碎花洋裝、鍊條包，以及尖頭高跟鞋。穿搭達人們都知道時尚不是來自禮服，而是來自版型、長度、配色、材質等的和諧組合。

13. 不以購物緩解壓力

對過去的我來說，購物是樂趣，也是抒壓的方式。就像壓力大的時候，我們不會吃無趣的東西，而是會尋找甜、鹹、辣或油膩的食物。衣服也是如此，壓力大時，人們往往會追求昂貴、花稍的衣服，或過於偏好某種穿搭。食物吃下肚就沒了，但衣服卻會留在衣櫃裡。每次看到閒置衣服標籤上的價格，就會產生罪惡感。買衣服不是靠感性或直覺，而是理性思考。了解自己的慾望是非常重要的事，但帶著情緒購物只會留下痛苦的後遺症。穿搭達人不會透過購物緩解壓力。

TO DO

在心中回應他人對自己外貌的評價

會以評論外貌傷害他人的人喜歡在心理上處於比他人優越的位置。這是一種心理遊戲。中斷這個遊戲的最好辦法就是表明我不會因為對方的話而感到羞恥、難過和恐懼。一旦對方的攻擊行不通，遊戲就結束了。

下面收集了面對不同情況時，可以中斷這種心理遊戲的回覆。如果不喜歡當面反駁，也可以試著在心裡回覆對方。無法一一反駁傷害自己的沒水準評論時，我會在自己的心裡反駁，並想像對方聽到這些話之後會有什麼表情，最終就能笑著釋懷了。

◆百貨公司員工：這個……您穿得下嗎？

◆心裡的回覆：這個……你賣得出去嗎？

這種不尊重客人的店員，一言以蔽之，就是沒有資格賣衣服。不把人當人看，只看客人的身材，這樣的價值觀非常沒水準。我們不能對這種人低頭。以外貌評判他人的瞬間，自己也會淪落為被評論的對象。

◆多管閒事的長輩：男人不喜歡短頭髮的女人。

◆心裡的回覆：我不需要男人「們」喜歡我，我只要有一個愛我的人就夠了。

很多男性確實對長髮女性抱有幻想，但並非所有男性都如此。與即使頭髮短，也依然愛我；即便禿頭，也愛我內在魅力的男人在一起，一定比和只喜歡長髮女人的男人交往幸福。

◆過年過節才會見面的親戚：你每天都吃那麼多，會變胖！

◆心裡的回覆：好喔，聽了這句話，我反而想再多吃一點！

胖的人只要吃東西就會被批評。在這種情況下，我們有必要表現出不會因為這種指責而羞愧的態度。「再多吃一點」就是表達「我不對自己的肥胖感到羞恥」的意思，我才不管對方會不會因為這句話而尷尬。

◆職場上司：你的小腿那麼粗，怎麼穿裙子？

◆心裡的回覆：我以為您很專業，是只重視員工工作能力的上司，但您這麼說讓我很失望。

在公司裡評論與工作無關的事，這種行為顯露出此人的水準之低。此時，可以用工作的本質來反駁。

◆朋友：你的臉很大耶。

◆心裡的回覆：你很矮。

笑著回覆這句話，不用和這種人說太多。評論他人的外貌，不論是好評還是負評，本身就是失禮的。因為這種行為本身是以「我優於你，所以我能評價你」的心態為前提。對這些讓自己不愉快的話，我們就用同樣的邏輯在心裡回覆吧。

CHAPTER

TWO

不要趕流行，穿出自我

約會穿搭的正確答案，有必要盲目模仿嗎？

約會穿搭，有正確答案嗎？

「讓男友心動的可愛風格！讓男友眼中只有我。」

「把曖昧對象變成男友的約會穿搭！」

這是網購平台以二十多歲模特兒紅潤臉蛋為主打形象，所推出的女裝廣告。雖然可以想像點進去之後會看到的結果，但忍不住好奇心，我還是點進去了。網購所給的約會穿搭正確答案是什麼呢？

模特兒有著長頭髮、白皙皮膚、纖細的身材、豐滿的胸部和臀部。她的表情溫柔，裸色的嘴唇微張，穿著帶有荷葉邊的端莊洋裝和高跟鞋，搭配鍊條包。她穿著這一身衣服的樣子，看起來既滑稽又不舒服。

真的非得這樣穿不可嗎？當然，對男性們來說，確實存在著理想的約會對象形象。但並不是所有的女性天生都擁有模特兒般的臉蛋和身材，而且也無法自然地駕馭約會穿搭。但是在媒體上，經常會看到這樣的言論：「應該要以男性們會喜歡的約會穿搭為主。」

「看來男人喜歡俗氣的女人。」即使不少女性會輕蔑這些約定俗成的「正確穿搭」，也裝作毫不在乎的樣子，但她們要淡然地否認這些「正確答案」並不容易。

偷走他的心的約會穿搭

第一次看被評為「最佳浪漫電影」的《愛在黎明破曉時》，我完全無法理解，沒有特殊的故事情節，只是梳著油頭，穿著相同衣服的男女聊了一整夜就結束的電影，為什麼被稱為最佳浪漫電影？後來，偶然看了系列續作《愛在午夜希臘時》，我改變了想法。

《愛在午夜希臘時》中，男主角傑西結束了包括婚姻在內的美國生活，最終與女主角席琳結婚，成為成功的作家和一對雙胞胎姊妹的父親。傑西在機場送與前妻所生的兒子回美國時變得十分敏感，席琳對此十分不滿。成為母親後，席琳因為喪失自我承受很大的壓力，因而對傑西破口大罵。原本默默挨罵的傑西最後開口說：「我把我整個人生都給你了。接下來五十年，我也有信心忍受你所有的樣子。」

即使她那樣醜態百出，他始終以最有魅力的理性對待她。對認為婚姻終歸會倦怠的我來說，傑西的態度實在令人意外。

傑西是如何做到的？在我之前沒有仔細看的《愛在黎明破曉時》裡，他們兩人發生了什麼事呢？在《愛在日落巴黎時》裡，我只記得他們更老更瘦，他們在那部電影裡又發生了什麼事，讓已經是有婦之夫的傑西飛到歐洲，把自己整個人生都交給席琳呢？於是我又重看了這兩部電影。

《愛在黎明破曉時》以二十三歲的席琳前往布達佩斯拜訪奶奶後，在回巴黎的火車上看書當開頭。同車的乘客，美國青年傑西準備在維也納下車，搭飛機回美國。傑西對席琳一見鍾情，下火車前，他建議她也一起下火車，兩個人在維也納共度一夜。

她的穿著打扮並不是購物網站或時尚雜誌所說的約會穿搭，沒有化妝的素顏、蓬亂的頭髮、普通的棉T恤和長裙，這樣舒適的穿著很適合長途旅行。席琳的身材不像芭比娃娃，塗上唇彩的嘴唇沒有微微張開，也沒有露出肩膀或臀部。**席琳向傑西展示的不是「女人席琳」的外表，而是「人類席琳」的世界**。在許多時刻，傑西都露出被席琳迷著的眼神：當席琳談論她對飛機的恐懼、當她在十三歲少女的墓前訴說自己十年前的感受、當她在海螺展海報前說出自己對作品的感受時，傑西都默默地沉浸在席琳的故事中。

夜幕降臨，他們躺在公園草地上看星星，席琳告白了：「旅行途中看日出時，如果同行的人無法了解我那時刻的感受，我會覺得很孤獨。但和你在一起的這一刻，我很幸福。」

傑西即使不說話，席琳也感受到彼此緊緊相連。因為父母離異而受傷，無法愛自己的傑西終於開口：「因為和你在一起，我彷彿不是自己，而是另一個人。」之前一直隱藏自己的傑西遇到席琳後，第一次成為自己。兩人當晚在公園裡相愛。

但第二天早上，兩人在理性的驅使下，很猶豫是否要約定再見面。一年後再見面的約定最終告吹，就這樣過了九年。

在第二集《愛在日落巴黎時》中，傑西以作家的身分出道，為了宣傳新書來到巴黎的「莎士比亞書店」。在問答時間結束時，他看到了三十二歲的席琳。雖然傑西的搭機時間將近，兩人卻衝動地決定出遊，他們在咖啡館內從蒐集回憶碎片的閒聊，漸漸轉向談論兩人內心的想法。

防禦心一向很重的席琳在塞納河遊船上看著傑西的眼睛，彷彿回到了二十三歲。「你還記得你鬍子上發出的紅光嗎？你離開前在晨曦中閃耀的模樣……我想念那個樣子，我很可笑吧？」

傑西把帶有深邃眼神的特殊微笑送給席琳。傑西的微笑，並不是因為席琳穿著黑色無袖上衣，而是覺得即使上了年紀，仍如同九年前一樣散發自信的席琳很美。席琳是她自己的時候，對傑西來說是世界上最性感的女人。

不是女性的理想型，而是內在的魅力

「您喜歡李仲燮哪一點？」

畫家李仲燮的夫人李南德女士，在一次採訪中用充滿自信的語氣如此回答：

「全部！」

年過九旬的她，因為丈夫不在了，必須獨自度過剩下的日子。我毫不猶豫地對她的回答發出了感嘆。不久後，我拿到了李仲燮的展覽紀念圖錄，暗自期待能在畫中確認兩人的愛情。

在鋼筆素描上添加草綠色的畫〈躺著的女人〉中，我看到了被樹葉包圍、閉著眼睛聞周圍氣味的女人。在連眼睫毛都被省略的畫中，沒有刻意讓女人看起來很美麗的裝扮，或是渴求被愛的嬌態。李仲燮將存在於自己世界的女人用充滿愛意的眼神素樸地描繪了出來。

〈治療的男人〉描繪了女人在約會途中撞到人行道地磚而受傷的腳、撫摸那隻腳時沾滿鮮血的男人的手，以及看著那隻腳的男人的眼神。他愛過的女人山本雅子的腳特別大，有「大腳郡主」的美譽。這幅畫展現出畫家曾經親過那雙大腳數十次的愛意，雖然沒有夢幻的筆觸，但畫十分美麗。

在圖錄中，我的視線停留時間最長的一幅畫，是畫在香菸盒銀紙上的〈愛情〉。畫中男女赤裸裸地纏在一起深吻，雖然這幅畫足以營造色情氛圍，但並沒有讓人產生這樣的感覺。

「原來男女相愛可以這樣啊。」

畫中的女人不是典型的美女。在與心愛的男人激烈「交流」的瞬間，女人用一隻手摸著男人的頭，另一隻手溫柔地撫摸著男人的耳垂，閉上眼睛品味瞬間的恍惚。女人的表情和身體姿勢似乎在訴說著：「我喜歡感受你。」

李仲燮並不是因為看到了那個時代很多男性所嚮往的理想型才愛她，而是因為他們兩人都很了解彼此，也樂於與對方溝通、交流。

溝通的本質並非視覺的享受

幾年前，我曾在有線電視的時尚頻道上看到男人們不喜歡的穿搭清單，包括內搭褲、靴子、軍裝、毛線帽、豹紋單品等。看到這份清單後，我做了這樣的想像：如果我穿著迷彩圖案的夾克，戴毛帽，穿內搭褲，搭上靴子，與某人約會，並以這樣的穿搭展現自我，對方會不會被我迷倒，並投以充滿愛的眼神呢？如果會的話，那這個人會不會就是我的靈魂伴侶？如果真的出現這種情況，約會穿搭的正確答案就失去了意義。

當然，擁有芭比娃娃身材的女性所穿的「正確約會穿搭」，在統計上確實是很多男性喜歡的類型。但如果男女關係的本質在於深度的溝通，那麼，女性是否有必要去打扮，以吸引更多男性的目光？如果遇到了解自己的人，就像席琳的微笑和李南德的微笑一樣，自然會散發出吸引對方的美麗。那麼，我們有必要勉強遵循他人規定的「正確約會穿搭」嗎？

視覺上的享受不能成為人與人之間溝通的本質。如果說男女之間的溝通只是視覺上的快樂和肉體上的快樂那樣膚淺，那麼，我們並沒有理由認為愛情是浪漫的。相反的，那是只有在健身房鍛鍊身體，穿上能襯托這種身體的西裝，並開名車的男人，以及穿著可以賣弄芭比娃娃身材的迷你裙，背著鍊條包的女人才有資格談情說愛的世界。

雖然他們似乎是勝利者，但這樣的世界只是相互商品化和物化對方的可怕地方。

還好，真正的世界不是這樣的。我們在路上還是能看到很多不怎麼時尚，卻愛得死去活來的情侶。不管旁人發出的嘖嘖聲，只要兩個人的世界美麗，就足夠了。網購平台廣告中出現的「正確約會穿搭」非常多樣，有優雅的清潭洞媳婦裝、充滿蕾絲與荷葉邊的少女風初戀裝、赤裸裸展現身材的夜店裝等等。正確的約會裝是商人們為了賣衣服而製造的假象，他們甚至帶來如果我們不遵守「正確約會穿搭」就不會有男朋友的恐懼。可是，這樣穿並不代表我們就可以找到即使交往五十年，依然對自己感到癡迷的好男人。

美國作家安妮．莫羅．林白（Anne Morrow Lindbergh）說：「好的溝通就像喝下黑咖啡般讓人興奮得難以入睡。」如果感受到「彼此相通」的感覺，就會興奮得睡不著覺，而且這種興奮會持續很久。

視覺享受所帶來的興奮，以及精神溝通所帶來的快樂，我們真正想要的是哪一個？

遇到真命天子的祕訣

遇見靈魂伴侶的瞬間是最快樂的時刻。

在我眼中，我穿著既漂亮且不會感到不舒服，又能展現自我的衣服時，看起來最像我自己。也就是說，不是為了別人所做的穿搭，而是展現自己的衣服，是否才是正確的約會穿搭？

搞不好購物網站告訴我們的「正確約會穿搭」反而是最接近錯誤的穿搭。把自己打扮成芭比娃娃、清潭洞媳婦、初戀少女，並成功虜獲某個男人後，如果那個男人想要的不是真正的我，而是那些衣服打造出的假象該怎麼辦？更何況要判斷他是真的喜歡我，還是喜歡像清潭洞媳婦一樣順從的女人，這也很困難。

要以這些所謂正確的約會穿搭遇到真命天子是不可能的。

如果視覺享受帶來興奮的有效期，比精神溝通帶來興奮的有效時間還要短，那就不難從中做出選擇。遇見真命天子的祕訣不是男人喜歡的衣服，而是真正的溝通所需要的，且能展現自我的衣服。

如果穿著展現自我的約會服裝參加相親活動，相親對象說不喜歡這樣的穿搭，該做的可不是大哭一場，而是認真考慮尋覓新的溝通對象，並且爽快地對那種男人說：「你就抱著芭比娃娃生活吧！」

極簡風格不只是時尚趨勢

奢侈的進化

很多女裝購物中心販售的都是東大門市場的商品。雖然每個購物中心追求的氛圍不同，但大部分都會努力塑造高級的形象。幾年前，購物中心宣傳照最常出現的配件還是香奈兒包，模特兒們往往拿著香奈兒包在百貨公司、咖啡館、飯店或市中心的街道上喝著星巴克咖啡，穿著購物中心賣的東大門市場衣服擺姿勢。想穿上高貴形象的我，過去都在那種購物中心買衣服。

當我停止盲目購物，進一步思考後，卻發現一個有趣的現象，一個令人意外的配件取代了香奈兒包。不知從何時起，照片中模特兒手裡會拿著一本雜誌，不是《Vogue》，也不是《哈潑時尚》，而是《KINFOLK》或《AROUND》。

我也常常買《AROUND》，裡面很難找到介紹知名餐廳、一眼就能辨識的高檔衣服，或劃時代美容產品的文章和照片。相反地，裡面的內容是濟州島旅行的快樂、電影中的人物經歷挫折並克服困難後找到的幸福定義、城市中的小公園為生活帶來的意義、某女性與在異國遇見的五歲孩子成為朋友。這些故事都搭配著有質感的照片刊出，角落則有一排小字寫著：「讀這本雜誌時，你周遭的時間慢了下來。」

這似乎表達了讀者在閱讀該雜誌時，希望擺脫忙碌的日常生活，享受短暫閒暇的心情。我們該如何看待為平凡的日常生活帶來幸福的雜誌，取代了香奈兒包的現象呢？

這其實這並不陌生。自古以來，人們把上流階級稱為「有閒」階級，並羨慕他們時間充裕。**人們對奢侈的觀念正從「擁有奢侈品」往「優雅生活」的形態進化**。象徵「優雅生活」的《KINFOLK》並非能夠到海外高級度假村度假，或在濟州島擁有家庭菜園的人的專利。正如《AROUND》編輯所希望的那樣，即使是不能完全脫離日常生活的我們，只要藉由短暫的散步或閱讀找回餘裕，轉換心情，任何人都能成為有閒階級。

但是，我仍有不愉快的感覺。《AROUND》為何被放在購物商場型錄模特兒的手中，作為促進消費的工具呢？就像作為配件的香奈兒包內總是空空如也，照片中的模特兒有沒有認真閱讀過雜誌裡的文章呢？

極簡風格中隱藏的慾望

極簡風格（Normcore Look）席捲了時尚界很長一段時間。連帽T恤、運動褲、運動鞋、懶人鞋，這些過去只是短暫去附近超市買東西時會穿的單品，理直氣壯地出現在設計師品牌的伸展台上，告訴人們極簡風格已經成為潮流。

Normcore是結合意指平凡的「Normal」和意指澈底的「hardcore」的複合詞，反應出大眾對「即使穿得不華麗，也很有型的人」的嚮往。這就是極簡風格橫掃時尚界的原動力。

「Normcore」一詞首次出現在威廉．吉布森（William Gibson）的小說《模式辨認》（Pattern Recognition），用來描述女主角凱斯。凱斯是討厭標籤主義者，喜歡穿灰色運動服和寬大的 Levi's 501 牛仔褲，會剪掉衣服上的標籤或用磨砂紙磨掉。

她為什麼那麼討厭 logo 呢？根據小說中的描述，她的敏銳度和觀察力堪比電視劇《新世紀福爾摩斯》的主角福爾摩斯。她利用這項特質，從事搶先一步捕捉年輕人之間流行的事物，並介紹給全球市場的酷獵人（coolhunter）工作。原本只有少數人共享的文化，以最新流行商品的面貌重新誕生，在世界各地被消費，最終消失的過程，比任何人更常親眼目睹這一切的人就是凱斯。

她執著地去除 logo 的行為，也許是為了對抗蓄意傳播流行趨勢，進而強迫大眾消費的市場權力，也是她堅持自身獨特性的一種意識。她也藉由這樣的行為表達了自己的物品從一開始就不屬於被商品化，並隨著流行趨勢結束而消失的機制，更藉此宣示自己與買這些物品的平凡人有所不同。

「靈光（auro）是一種距離感所帶來的特殊現象。」德國哲學家班雅明定義「靈光」的意思是「與眾不同」。凱斯試圖透過與潮流消費機制保持距離，來確保自己的「與眾不同」乃至她的「靈光」。極簡風格在吉布森這本小說出版許久之後的二〇一五年才開始流行，這意味著什麼？像凱斯一樣的人增加了嗎？還是會如同大部分的次文化，進入全球市場不久後就會消逝，極簡風格也會成為那樣的消費趨勢嗎？

不展現與眾不同也能散發出靈光的穿搭

選擇極簡風格穿搭的人中，最有名的當屬賈伯斯。他足足穿了十二年的 New Balance 運動鞋、Levi's 牛仔褲，以及三宅一生黑色高領毛衣。只看打扮，很容易讓人誤以為他對美麗的事物毫不關心，但他深知，包括他在內的人類是被美麗所吸引的動物。他的這種看法體現在蘋果出產的所有商品外觀、用戶界面UI、字體、產品盒，以及蘋果商店的室內設計。

我看了賈伯斯一九九五年的受訪影片，不禁對他的卓越感到驚訝。當人們還在追求當下的趨勢時，他準確地預見了我們稱之為「現在」的未來，並思考在這樣的脈絡下，如何能讓生活更美好，同時夢想著自己能站在所有潮流的中心。

突顯他的「與眾不同」的不是他的衣服，而是他的想法。雖然不知道他提出的蘋果哲學「不同凡想」（Think differently.）會在沒有他的蘋果中持續多久，但「不同凡想」顯然是賈伯斯斯所擁有的靈光根源。

拍攝這部受訪影片時，趕走他的蘋果公司瀕臨破產，雖然他經營的 NeXT 也處在沒有取得任何成功的狀態，但他充滿主見的眼睛閃閃發亮。採訪者最後向賈伯斯提出了這樣的問題：「你覺得你是嬉皮，還是怪胎（nerd）？」

賈伯斯的答案是嬉皮。嬉皮是指重新創造與現有權威不同的某種東西，並藉由與他人共享而感到快樂的人。採訪中，賈伯斯由衷地為把自己曾經著迷的某些精神灌輸到產品中，並與同事或 Mac 用戶分享這些精神而感到自豪。

回顧過去，像賈伯斯一樣展現出「與眾不同」精神的人是畢卡索。雖然他沒幫自己取嬉皮這個外號，我們也不知道他是不是嬉皮，但畢卡索希望成為超越自己偶像維拉斯奎茲的大師。他澈底模仿並分析前輩們的畫，從而開拓了沒人走過的路，畢卡索也喜歡穿條紋T恤或蓬鬆的棉T恤。

如果說六、七〇年代留著長髮、穿著牛仔褲、吸著大麻，試圖展現「與眾不同」的嬉皮只是外行人，想去除自己所有物品標籤的凱斯只是程度一般的普通人，那麼以思想和作品表現「與眾不同」的賈伯斯和畢卡索是不是真正的高手呢？

要是說嬉皮是抗拒現有權威，致力與他人「不同」的人，那麼怪胎就是那些對他人漠不關心，沒想過要與他人不同，只專注在自己世界的人。Nerd 中文經常翻譯成「怪胎」，像賈伯斯和畢卡索這樣的高手，因為不需要用衣服來表達「與眾不同」，所以穿上了極簡風格的衣服，但怪胎是打從一開始就對衣服不感興趣，所以並非是出於本意而穿上極簡風格的衣服。

自稱為「怪胎」的臉書創始人馬克．祖克柏喜歡穿棉T恤和寬鬆的牛仔褲、黑色防風外套，還有拖鞋。他以不想被衣服耽誤時間來為自己的打扮辯護，因為他每天要花很多精力去解決其他令人頭疼的問題。

如果有人妨礙怪胎解決自己的問題，哪怕是全世界都覺得有價值的對象，他們也會斷然拒絕。祖克柏的怪胎前輩，物理學家史蒂芬．霍金就拒絕接受爵位，而霍金的前輩愛因斯坦，當年也拒絕擔任普林斯頓大學教授。

怪胎並不想要像嬉皮那樣刻意讓自己顯得與眾不同。他們反而對因為與別人不同造成不方便而感到厭煩，因此總是試圖掩飾自己，把自己與世隔絕。祖克柏是追求公開用戶資訊和用戶間連結的臉書代表，但一直被批評不公開自己的個人資訊。他坐在路邊隨便吃在快餐車上買的食物，或許也是因為不想暴露自己，但是，我們都知道那就是他。隨意的穿搭無法掩蓋以閃耀的天才特性和超凡的才智武裝的怪胎靈光。

觀察嬉皮、怪胎，或是在流行前就穿著極簡風格衣服者的生活方式，極簡風格穿搭可以這樣定義：極簡風格穿搭是即使不以衣服表現「與眾不同」也能散發靈光的人的穿搭。

極簡風格及極簡風格穿搭

紐約潮流分析機構 K-Hole 的創辦人艾蜜莉．希格這樣解釋追求極簡風格的人的想法：「他們對試圖展現『與眾不同』一事感到幻滅。對於人們應藉著成就某種地位，展示自己與其他人不同這個規則，他們真心覺得疲憊。」

這是將極簡風格視為反映對潮流的幻滅和疲勞的一種抵抗文化。相反地，時尚界並未賦予極簡風格太大的意義，只是單純地將其稱為「極簡風格穿搭」，或歸為九〇年代的復古風。

二〇一五年，我曾在某時尚雜誌上看到編輯的一段文字：「我現在也厭倦極簡風了。」至今為止，無數的次文化進入時尚產業，成為流行，最終消失，曾經是次文化之一的極簡風也重蹈覆轍。看到這樣的循環，我想起一個經濟學法則，「賽伊法則」（Say's Law）。這個可以概括為「供給創造需求」的法則在經濟大蕭條之後受到許多批評，甚至被摒棄。然而，也不能說賽伊法則一定是錯的，因為每當「不想跟不上潮流，就要買這個」的宣傳出現，只要有人相信並照辦，這個市場機制就會不斷出現。

但是，盲目接受時尚趨勢的人，通常不了解特定流行的根源和其精神，最終會對該流行感到厭煩。如果不曾穿上「極簡精神」，就會因為極簡穿搭特有的單調風格而日漸覺得無趣，並認為這樣的穿搭很乏味。

不知道賈伯斯看到極簡風格的退場，以及極繁主義的高人氣，會有什麼反應呢？當然，他可能根本不在意。因為對他來說，他的衣著，不，是他的靈光，從一開始就是他自己的，而不是潮流。

時尚雜誌編輯厭煩極簡風格的獨白，就跟購物中心根本沒好好讀過極簡風雜誌，就把該雜誌當成拍照道具，假裝「高檔」的行為沒什麼兩樣。**思想和精神不是靠擁有某些物品就能得到**。這就好比我們只拿著香奈兒包，是不可能體現創辦人香奈兒女士當年破壞常規、創造新鮮感的的精神。同理，光是穿白色運動鞋、灰色連帽T恤，也無法體現極簡主義的精神。

將受到歡迎，被視為流行趨勢的《AROUND》作為攝影道具，「極簡穿搭」的流行也藉由擁有某些物品來證明自己的優越感，這是消費主義時代熟悉的風景。即使攝影道具從香奈兒包換成《AROUND》，都是消費主義的展現。

自我展現的進化

極簡風格的核心不是穿搭，而是「靈光」。但極簡風格流行的結果卻只是產生了這些無心的穿搭（或許，這也可說是懷著嚮往靈光的心而模仿極簡穿搭的行為）。沒有極簡主義精神的極簡風穿搭，也可視為想將他人散發的靈光轉換為自己靈光的嘗試。

如同「奢侈」的概念從「擁有貴重物品」進化為「優雅生活」般，我也期待著從極簡風格中出現「自我展現方式的進化」。如此一來，總有一天我們就能用「穿得像我自己」而非「穿華服」來展現自己吧。即使不是賈伯斯或愛因斯坦，只要認為能夠展現自我世界的人都是獨特的，人人都可以成為靈光的主人。

我希望即使作為潮流的極簡風格穿搭消失了，包含我在內的多數人還是能認同極簡主義的精神，也希望這樣的認同能持續很久。

我的髮型，不需要評價

「如何整理頭髮？」

那是我第一次，也是最後一次，當那個主動說要結婚的人。那時我們都太年輕了，我尚未完全了解自己的不足，情緒起伏很大。對方也未解決補修不及格學分、考研究所和當兵的問題，所以對未來感到恐懼。在某個大雨傾盆而下、連撐傘都沒用的八月天，才交往半年的我們分手了。

我哭了一整晚，隔天與他約在咖啡館見面時，又流下了眼淚。他也和平常不同，和我一樣不斷流淚。那天，他給了我七封信，信中字字句句都說著「我愛你」。當初在一起時，只有我會表達自己的感受，那時覺得他分手後才示愛的行為根本是馬後炮。原本微胖的我分手後體重急遽下降，畢業照中臉上充滿了悲傷。

大學時期，我嘗試過各種髮型，有橘色的可愛波浪捲，也剪過藍黑色短髮，甚至極短的精靈頭。當時，我不知道什麼髮型才能展現自己。

「我的髮型如何？漂亮嗎？我該剪什麼髮型才好看？」

比起自己尋找答案，我反而想藉由詢問別人來確認。

「你剪什麼都好看！」他總是笑咪咪地回答。我以為那是在敷衍我，所以沒有放在心上。

分手幾周後，我從那七封信看到了他的真心，所以鼓起勇氣打電話給他，我想復合，但他簡短地拒絕後，馬上掛了電話。我曾經那麼愛過，也緊緊抓住過他，但他冷冷推開我的那句話讓我非常心痛。從那天開始，他在我的記憶中成了壞蛋。

大四的第二學期，在準備研究所申請，同時修二十學分的緊湊生活中，我努力忘掉他。我希望自己能蛻變為堅強且「全新的我」，所以某天去了美髮沙龍。

「您想剪什麼髮型？」

我無法回答這個簡單的問題。雖然很想尋找新的自己，但是為了那個壞蛋而改變的樣子不會是我所希望的「新的我」。結果，我只對設計師說了一句：「請稍微修剪一下髮尾。」

分手後的美髮沙龍

那之後的三年之間，有一首歌我反覆聽了數百次，就是朴正炫的〈在玫瑰園〉，其中一段歌詞是：我以為我全都忘了，卻又再想起，想起如歌手的聲音般稚嫩的我曾經像傻瓜一樣哭泣的樣子。為了忘記那個人，活出更強大的自己，我剪去了頭髮。在我心中，無法完全散去的悲傷又復活了。

然而在我悲傷到極點的時候，不同意這段歌詞的反感，反而喚醒了受到悲傷掩蓋的理性。因為分手對象而改變髮型，或許是「我現在要變強」的宣言，但也可以反過來視為「我依然很弱」的舉動。

歌詞中還提到「我寧願被拘束」、「沒有你就無法再以同樣的髮型生活」，以及「沒有你，我就無法再做我自己」都一樣令人反感。由於分手所產生的情緒，讓我越聽越無法認同這首歌傳達出的依賴態度。這時，我才了解三年前我不願意改變髮型的原因。我不希望為了擺脫那個壞蛋的影響而改變髮型，也不喜歡因為對方而放棄適合自己的髮型，這不是太殘酷了嗎？

「我的頭髮是我的。沒有人有權利改變我的頭髮，以後也不會為了得到別人的喜愛而改變髮型。」從此之後，我都是根據自己的判斷改變髮型。

「如果這是自由，我寧願被拘束……」

過了很長一段時間後，我依然無法同意這句歌詞。因為它表達了女性必須剪交往對象喜歡的髮型，或是女性連自己的頭髮都不能隨心所欲決定的依賴性，更透露著，女性受到了他人的情感支配，無法從感情中獨立。

二十三歲的我不剪頭髮，那是我第一次覺醒，放棄總是依賴父母或男友的自己，決心找回自信的選擇。

「你剪什麼髮型都好看。」

即使不剪他喜歡的髮型，他在七封信中，仍字字句句都重複「我愛你」，說起來那傢伙根本不是壞蛋。而是當時內在空虛的我試圖向他索取愛情，失敗了就擅自把那傢伙稱為壞蛋罷了。

我二十三歲時，雖然短暫模糊地意識到自信的存在，但之後的十年，我又再度依賴他人過活。**想得到愛的我總是看別人的臉色，並在心中慢慢抹去自己**。在三十歲後半罹患憂鬱症，正是長大成人卻沒有自信的我，內心吶喊著「到此為止」的一種徵兆。為了尋找被抹去的自我，我脫去習於依賴的自己，開始尋找「自信」，那時，我才首次領悟到「成為有自信的人」才是真正長大成人。

女性不需要得到男性的愛，男性也不必照顧女性，反之亦然。無論男性或女性，只要能愛自己，並獨立自主，無論與誰交往，都能互相傳遞正面能量。愛自己的人不會為了彌補自己的不足，而要求他人表現出勉強的感情。一個愛自己的人，才能坦然接受他人的傷痛，也能淡然地分擔自己的痛苦，健康地愛人。

像自己時最滿足

「哇！這髮型真適合你！」

我幾年來一直維持著相同的髮型，不超過耳下兩公分的短捲髮可以掩蓋臉型和髮量少的缺點，隨興地分邊則展現出我熱愛自由的特質。即使電視劇中受歡迎的演員所剪的髮型大流行，我也不動搖。

有時候，我特殊的髮型反而意外地容易讓人記得我，但這個髮型其實並沒有這麼特別。這個髮型沒有花稍的名字，只是便宜的捲髮。會讓人留下強烈的印象，我想是因為隨興的分邊。

如果早上太忙沒空整理，頭髮就會自動回到以前已經習慣很久的分邊。如此一來，我的頭髮就會變得極為平凡，看到這樣的自己，會覺得我似乎又變回一個依賴、渴求愛的人。所以，無論多忙，我都不會不為頭髮分邊，這個髮型反映出我每天都在拒絕依賴他人。

「我的髮型如何？漂亮嗎？」現在我不會再問任何人這個問題。因為我知道，我最像我自己的時候最漂亮，也最滿足，不需要任何人的評價。偶爾有人誇我的髮型「很有型」，我也只是回以淺淺的微笑。

過去我一直認為自己必須受到某人的喜愛，扔掉這個框框後，我便擁有了髮型的決定權。

由我自己決定，為了自己所剪的髮型，因為能透過外貌展現內心的自己，所以我愛我的髮型。

Q & A

尋找自己的特質

想尋找「我是誰」的答案，必須收集線索，為了更了解自己，請嘗試訪問自己。訪問時，必須注意不要光用嘴巴回答，一定要寫下來。回答後，請把受訪者，也就是你自己當成朋友，並觀察一下這位朋友。你可能會想幫朋友取綽號，雖然這可能微不足道，但綽號最能直接展現出自己的本質。

以我來說，我是把兩個詞組合起來，取了能體現自己本質的綽號，就是「安靜的野女孩」。接下來我將會介紹尋找自我的Q&A，我期待各位的綽號比我的更能反映真實的自己。

1. 已經喜歡很久的曲子是？

在做很多選擇時，常常需要看他人的臉色，但音樂卻是能隨心所欲選擇的事物。就選一兩首自己喜歡的歌曲吧，並好好思考為何喜歡那首歌，如果找不到理由，就描述一下那首歌曲。每個人都會用自己的濾鏡濾出某個事物的特徵，所以描述自己喜歡的歌曲，就能反映出自己的觀點。

2. 喜歡的電影是？

不是電影也沒關係，動畫、舞台劇、音樂劇、歌劇、芭蕾、電視劇中有沒有喜歡的作品？你喜歡那部作品的哪一點？喜歡其中哪一個角色？為什麼喜歡這個故事？喜歡整體氣氛嗎？主要看上這部作品的哪一點？印象最深刻的台詞是什麼？什麼場面最讓你印象深刻？如果要向別人推薦那部作品，推薦的理由是什麼？

3. 喜歡的畫作是？

如果是不喜歡欣賞畫作的人可以跳過這題，但我想人人應該都有看了會讓自己心情變好的視覺作品。你為什麼會喜歡這幅畫？是因為整體色調嗎？如果畫中有人物，你喜歡該人物哪一點？你喜歡畫家的筆觸嗎？喜歡背景和構圖嗎？你喜歡這幅畫反映出畫家的哪些觀點？

4. 喜歡的運動是？

即使喜歡相同的運動，每個人喜歡的理由也略有不同。很多人喜歡游泳，但是詢問喜歡游泳的原因，有人可能會說因為在水中游泳很自由，另一個人可能會說喜歡在辛苦地游到目的地時，大口呼吸的感覺和成就感。喜歡打羽球的人之中，有人喜歡贏球的感覺，也有人喜歡的是在節奏快速的一來一往中本能反應的感覺。大家可以思考喜歡的運動帶給自己什麼感覺。

5. 一直以來很喜歡的物品是？

如果沒有這樣的物品就跳過這題！不過對我來說，這個問題對於了解自己有很大的幫助，所以我把這題列進來。包括昂貴的衣服在內，扔掉很多衣服的我有個喜歡了超過十年的包包，仔細思考原因，是因為那個包包裡有著討厭被框架束縛的我，也有不喜歡陷入框架的我。

喜歡的物品不是時尚單品也沒關係。不管是朋友從世界各地寄來的明信片，還是從小就在身邊，捨不得丟棄的小被子，就讓我們好好回想那個物品對自己有什麼意義，又為我們帶來什麼好處。

6. 你欣賞的人是誰？

即使喜歡同一個人，每個人也會因為觀點的不同而對這個人有不同的看法。我在幫客戶進行時尚諮詢前，一定會問問他們為什麼來找我。有人回答他想了解我對時尚的看法，有些人則表示因為感受到我的魅力。有人說希望自己成為「有力量的人」，有人表示羨慕我從事不可取代的工作，也有人希望成為「特別的人」。

有人回答他「最欣賞的」人是史蒂芬．賈伯斯，理由相當獨特。因為他是名人，卻未曾花錢提前自己動手術的順位，如此看來，這個喜歡賈伯斯的人應該非常重視基本秩序的維護。

7. 吸引你的穿搭是？

讓我們來搜尋一下不是時尚達人的穿搭，而是沒有名氣的模特兒的穿搭。如果你執著於「穿」的人，可能很難從中選出喜歡的穿搭，但如果把重點放到「衣服搭配」上，可能就會產生「哇，這很好看」的想法。我喜歡融合波希米亞風的中性穿搭。因為波希米亞獨特且嚮往自由，同時帶有知性的風格與我的特質十分吻合。在進行自我探索前，我常常購買強調腰身的碎花洋裝，但又不敢穿。

請注意，不要挑選名人的穿搭。時尚達人不論穿什麼都很好看，所以你很難知道自己是不是真的喜歡這套穿搭。

8. 如果明天就要死了，會馬上放棄的事是？

這是可以間接了解自己是誰的有效方法。就像高中數學課上所學到的，假設「A是B」為真，那麼「非B就是非A」也為真，從討厭的東西可以看出自己是誰。比如說，喜歡料理但不喜歡洗碗的人，比起單純的勞動，更喜歡有創意的工作。

9. 覺得很生氣的時候是？

這個問題與第八題類似。「憤怒」是當一個人珍惜的價值受到損害時，發洩情緒的結果，情緒最能直率地展現自己。生氣之後卻覺得「不該生氣」的想法源於「生氣是不對的」這樣的價值觀，然而，我想說的重點是「生氣」與「發怒」是不同的。「生氣」是情緒的狀態，「發怒」則是將自己的情緒發洩到他人身上的行為。

「發怒」容易誘發衝突，所以需要調整，但是「生氣」就不需要內疚了。「生氣」是很好的線索，能告訴自己我是什麼樣的人。能認知到自己「生氣」的人是健康的人，所以別再責備自己的情緒了，請接受自己的情緒，並藉此仔細觀察自己是什麼樣的人。

10. 什麼時候感覺到「啊，自己還活著」？

有的人會回答是在游泳池裡自己一個人自在游泳時，因為感受到自由，所以心情很好。有的人則說是溺水差點淹死，死裡逃生後就會確實地感覺到自己還活者。如果要給這兩個答案下個評價，我認為前者是自由的靈魂，後者則是倖存者。

11. 只能活三個月，一定要做哪十件事？請寫下理由。

九十九歲去世的外公臨終前哭了。不論是在社會上，或在家裡，外公都是受人愛戴的人，老年也無病無痛，為什麼在臨終前卻突然哭了呢？因為沒和外公聊過，所以我不清楚確切的原因，可能是因為一直以來都要維持他人眼中優秀的生活，所以突然後悔「自己沒有再更勇敢一點」。外公的去世，讓我有了這樣的想法，如果我希望在死亡的那一刻能笑著閉上眼睛，從現在開始我該做些什麼呢？

不一定得在三個月內取得成果，三個月只是提醒大家，「生命」就像所剩無幾的蠟燭，是有限的資源。「即使明天地球滅亡，也要種下一棵蘋果樹」的心情不是指種蘋果樹要種出成果的意思，而是種蘋果樹這件事本身對我來說意義非凡。

請試著在假設沒有時間和金錢的限制下寫下這十件事。這題的重點是在假設自己具備所有條件的情況下，思考自己想做什麼事。填寫時不需要自我審查，大膽地把「我這樣好像是在開玩笑」、「這太不務實了」等想法丟到垃圾桶吧！經歷過社會化後，大部分人對自己的慾望並不坦率，那樣的態度會讓人活得不像自己。即使是「想感受性高潮」、「想藉由犯罪一獲千金」、「什麼都不吃，只靠吃餅乾和麵包過活」，也不要有罪惡感，因為寫下這些並不是犯罪。

TO DO

尋找自己的特質

閱讀到此頁的你，可能會好奇如何透過這些問題尋找自己的特質。我以我的經驗為例進行說明。

我喜歡的歌曲是巴西藝術家塞爾索．豐塞卡的〈Bom Sinal〉。因為Bossa Nova樂風特有的不單調的節奏，所以聽到這首歌會讓人想躺在海邊吊床上悠閒自在地發呆，但又因為成熟的旋律和簡約的編曲，讓人覺得似乎也可以在吊床上輕鬆讀完一本書。我不喜歡嘈雜的刺激，喜歡安靜的孤獨，也喜歡調皮地觀察世界，並藉由閱讀做深入的探索。另外，我希望自己是一個幹練且能克制情緒的人。我結合形容詞「安靜」，和名詞「野女孩」，幫自己取了兩個相反的特質共存的綽號來反映我的個性和喜好。

如果將這個綽號帶入衣服，就會變成以下這樣。「安靜的野女孩」在旅行時穿著蕾絲裙，但為了避免過分優雅或花稍，搭配的是白色球鞋和白色連帽T恤。為了展現更調皮的一面，我頂著隨興分邊的波浪短捲髮，並戴上會反光的太陽眼鏡、銀色賽車手套，背著紅色斜背包。

取了「安靜的野女孩」這個外號後，我生活中最大的改變就是放棄論文。回顧過去那段日子，寫論文時必須接受指導教授審查，常常讓身為「野女孩」的我悶悶不樂。過去，我認為自己只是「野女孩」，所以在聚會中總是滔滔不絕，因此散會後往往覺得很空虛，很疲憊，但現在我了解到自己其實是安靜的人，所以反而很珍惜能量。自從有了外號後，比起迎合他人，我更不想違逆自己的本性，在與他人面對面時，我會以自己不會感到不舒服的方式溝通。我過去的人際網絡不大，現在則要面對五花八門的客戶，因為我知道自己的能量不足，只能盡量少用 Kakao Talk[3]。

希望大家都能幫自己取個能展現自我的綽號。為了幫助大家了解這個方法的樂趣，我下面會再介紹幾個客戶的例子（當然，我是徵得客戶的同意後才收錄進書中）。

南法別墅的小說家

幫「南法別墅的小說家」這位客戶取綽號時，是以她喜歡的圖畫和歌曲為發想，分別是莫內的〈亞嘉杜的罌粟園〉和傑夫・伯爾納特（Jeff Bernat）的〈If you wonder〉，兩者擁有截然不同的氛圍。

從她的遺願清單中也可以看出與目前職業不同的創作慾望。在諮詢時，我發現她想擺脫現在沉悶的日常生活，待在有美麗大自然的地方（從喜歡的畫作可以看出這點），但又不想完全放棄發達都市的基礎設施（喜歡的歌曲表露出這點）。遺願清單中還有很多想旅行的地方，當我詢問最想去哪裡時，她回答是南法。我想像了一下在巴黎過著優雅生活的小說家，偶爾會逃離都市的繁忙與無力感，去南法的別墅度假的情節，因此提出「南法別墅的小說家」這個綽號。

整體來說，我認為她適合簡約知性的衣服，所以建議她選擇直筒的剪裁，以及

3 多數韓國人使用的社交軟體。

富有浪漫情調的粉紅色，並推薦尋找如伯爾納特的音樂般幹練的飾品。她說照著我的建議去做之後，雖然生活沒有改變，卻在衣服上得到相當大程度的解放。

就醬幻想女孩

仔細看這位客戶的答案，可以看到許多慣用語。每個人的慣用語都不一樣，從慣用語可以看出這個人的個性，「幻想女孩」這位客戶喜歡用「就醬」這個詞，這與她的日常生活，以及她的表情給人的感覺不同，她的內心似乎有嚮往自由的渴望。因此，她常常以「就醬」爽朗地表達渴望。

她雖然沉默寡言，但喜歡奇幻風格的畫，也喜歡畫奇幻風格的漫畫，所以我幫她選了「幻想」這個詞，並組合出「就醬幻想女孩」這個綽號。之所以不結合與這樣的特質相反的詞，是因為她在失去自信，壓抑自己慾望的狀態下生活了很長一段時間，所以她心中的「幻想女孩」「就醬」飛走了。

我與「幻想女孩」相遇是在冬天，我建議她穿可以讓人聯想到漫畫家無拘無束形象的白色連帽T，以及可以收斂連帽T活潑感的單品。我也推薦她選擇駝色的男版大衣，駝色可以反映她安靜且敏銳的特質，男版大衣則適合她瘦高的身形。另外，她認為淡紫色是最能展現她內心的顏色，但是她不敢穿紫色的衣服，因此我建議她搭配淡紫色的圍巾。最後，我推薦會讓人聯想到重金屬音樂的手鐲來表現「就醬」的特質。

光芒四射的辰

「辰」這個綽號是從客戶喜歡的小說主角得到的靈感。這位客戶非常喜歡川端康成的短篇小說〈抒情歌〉中的角色「辰」。

她說：「我將『辰』所具有的靈性能力稱為『辰之光』。我很好奇如果將這個光芒用在讓自己更加幸福的方向上，她的生活會怎樣。」

我發現她似乎把自己投射到辰的生活之中，所以決定運用「辰之光」幫她取綽號。之所以取名「光芒四射的辰」，是因為客戶當時處在自尊心不高的狀態。我想表達的是，希望有一天她能散發光芒，成為讓自己和他人都幸福的人。諮詢結束的幾個月後，「辰」開始發揮自己的才能，將自己童話般的日記製作成定格動畫，並開始經營 YouTube 頻道「地球上的雪兒」。

我推薦她的衣服包含能夠表現出有靈性者敏銳度的開叉中長牛仔裙、解開幾顆鈕扣的白襯衫，以及讓眼角下垂的臉散發魅力的太陽鏡。

HOW TO

低自尊的我，此時該怎麼做？

許多找我諮詢衣服的客戶，最後往往會談到自尊的問題。我不是諮商師，也不是精神科專家，但為了治療受傷的心，我自行努力鑽研，因而有了一些成功提升客戶自尊的經驗，我將在此分享這些故事。通常我會問客戶前一個單元的問題，讓他們藉此更加了解自己，希望也能對大家有所幫助。

1. 傷人的言語和行為，真的很讓人不舒服

軟弱的人無法擺脫「不管別人說什麼，都是在中傷自己」的想法，但堅強的人則會以「不論別人做什麼，都不會因此而受傷」的態度生活。傷害是別人給的，但決定是否要把這些言行視為傷害的決定權在自己身上。

人難免會因為他人的言行感到不快，但這時請分別站在對方和自己的角度上審視整個狀況。在理解「那個人為什麼做出那種行為，說出那種話？」「我為何會因此不高興？」的過程中，請盡量保持中立。

經過這樣的過程，你可能會發現對方並不是「壞人」，可能只是「生活忙碌的人」、「只顧著生涯發展的人」、「只會評論他人，看不到自己缺點的人」、「很貪吃的人」等。另外，在此過程中，不僅能更加了解自己，也能發現自己其實不是受傷的人，而是細心的人。如果能了解到「不論與誰互動，不論對方做什麼，我都是有價值的人」，那就是成為更堅強的人的證據！

2. 魯蛇般的我的人生，好令人灰心

如果你有這樣的想法，請試著寫作吧。這本書中的大部分文章都是在用觀察者

的視線回顧過去的過程中寫的。在這樣的過程中你可能會思考「我是因為什麼原因，才會有那些想法和行為」，並在最後得到「往後該如何生活」的答案。**光用想的，和寫出來是完全不同的，寫作是面向未來的行動，可能改變看似「魯蛇」般的人生。**

請以觀察者的角度試著描述身為魯蛇的自己所經歷的情況。越是被強者的法則所支配的主題，站在弱者立場所寫的細緻文章就越能成為好的文章。請試著擺脫只會想東想西的「魯蛇」，蛻變成能寫出優秀文章的「溫拿」吧。

3. 在很厲害的朋友面前，我顯得很渺小

Y因為看到朋友在校時成績和自己差不多，出社會後卻混得比自己好，而陷入自卑。他在審視「我是誰？」的過程中發現，雖然他經常羨慕那些年薪破億的朋友，但自己並不是那種將生命寄託在數字成果上的人。發自內心的交流有助於成長，他認為交流對他來說才是有價值的事。

了解自己的特質後，我們接著要思考「我是追求什麼價值的人？」如果價值不

明確，就等同目的地不明確，我們就會傾向走到人們蜂擁而至的地方，而且如果不走在大多數人前面，就會感到不安。但是，每個人享受人生這場馬拉松的方式不同，抵達終點後，能讓自己真心因為「做到了」而開心的路線也不同。人生非常短暫，請試著找到屬於自己的路。

4. 我不是主角就會不安

總是渴望他人關注和認同的M擔心在KakaoTalk裡沒人回覆他的發言，臉書如果只有一兩個人按讚，他也會感到不安。我想給這樣的人一些建議。第一，請試著和少數對自己有意義的人進行深度的交流，並藉由這些交流感受他們對自己的愛。第二，請試著成為創作者。成為創作者，你就能成為自己的主人，而且與支持自己創作的訂閱者交流，對提升自信有相當大的幫助。如果出現黑粉，那反而是出名的證據。

5. 失敗就墜入地獄

人人都可能失敗。即使失敗，也不要一個人待著，請進入人群中。待在有一些噪音的咖啡館、公園或圖書館意外地對精神健康有幫助，在社區公園散步拯救了之前陷入憂鬱症的我。我也建議要把重心放在你能從失敗中學到什麼。記住這些領悟，就能成為有智慧的人，也許有一天，你就能成為成功故事裡的主角。

6. 我是個只有缺點的人

沒有只有缺點的人。我小時候常被批評「太敏感」、「自私」、「不懂事」。我的某些特質可能被批評是缺點，但也可能是區別我和他人的特色，因此他人所說的缺點，可能成為我的武器。我相信，正是因為敏感，我才能捕捉別人漏掉的細節，因為自私，我才能專注於自己的世界，因為不懂事，我才能無所畏懼地跨越各領域。

希望大家能因為被他人批評的缺點，找到他人做不到，屬於自己的特長。

7. 我太奇怪了，連自己都無法理解自己

「討厭黃瓜粉絲團」（https://www.facebook.com/cucumberhaters/）是兩年內粉絲人數超過十萬人的臉書粉絲團。正常和異常的標準不論在何處都是相對的，請試著找找看，一定有一群人覺得你很正常。如果找不到這樣的社群，可以試著自己創造一個，你不是一個人。

8. 討厭做應該要做的事，任由時間流逝時會很自責

累了想在家裡休息，家裡卻很亂；肚子很餓，待洗的碗盤卻堆積如山……這些情況很常見，我也常被這些重擔壓著，什麼都不想做，任由時間流逝。必須做這些不想做的工作時，可以先想一些快樂的事。比方不想洗澡時，可以想想洗澡後的清爽，不想運動，就想想運動後，看到變好看的身形會有多開心。為了讓自己處在更好的狀態，就試著讓自己欣然享受這些工作吧。

9. 沒人稱讚我

哪怕是再小的事，也請稱讚自己。買了新的沐浴乳後，可以稱讚自己「味道好

香，真會選！」為了稍作休息並喝杯咖啡而離開繁雜的購物中心，此時可以告訴自己「這是對的選擇！」就像這樣，請根據不同的情況，給自己小小的稱讚，重點是不要期待他人的稱讚。持續稱讚自己是有價值的人，人們自然會注意到你正面且積極的能量。

10. 沒有男朋友的我好悲慘

如果因為沒有男朋友，所以感到孤單，那就對自己這樣說：「你是普通人無法隨便遇到的珍貴的人！」我空出了身邊的位置，是為了等到能忍受我五十年的「那個人」出現。在對的人出現之前，學會盡情享受一個人的生活，才能成為成熟的人。在愛情中，個人的成熟有多重要，請參考心理學家佛洛姆的著作《愛的藝術》。愛情並不是為了填補空虛，才與某個人交往。

11. 因為遇到控制狂而受傷

低自尊會讓自己降格為世界上最卑微的存在。這種人為了避免在建立關係的過程中遇到困難，會選擇控制關係。避免與這種無法理解的人接觸才是上策。

12. 沒有人可以同理我的悲傷

鄭惠信博士在《你是對的》這本書，提到身邊有個能給予如同家常菜般溫暖安慰的同理者有多重要。有親近的同理者當然很好，但不是每個人都能遇到這樣的人，我的身邊就沒有，因此經歷了一段艱困的時期。

有趣的是，治癒我的不是同理我的人，而是寫作。文章中的自己扮演了同理者的角色，我會在文章中寫出，我最希望媽媽或朋友告訴我的話。最了解我有多痛苦的人就是我自己。試著寫作吧，並把寫下來的東西念出來。「啊，原來如此。你一定很辛苦吧。我會在你身邊聽你說。」

持續寫下去，就能看見堅強的自己。

HOW TO

掌握自尊和身體的方法

我們常常會在各種媒體看到「女性擁有纖瘦身材才理想」的觀點，甚至有相當多的人默認這個標準。但是，我們真的應該為了符合他人的標準而勉強減肥嗎？每個人都應該擁有像女明星一樣的身材嗎？

不該是這樣的。但是，我反而不同意「想要纖瘦的身材就是不愛自己」這句話。因為過去在大自然中過著採集狩獵生活的人類身體，原本就是被設計成吃得少，動得多，脂肪堆積較少才是健康的。因此，我認為努力減少身體脂肪並不一定是虐待自己的行為。

這裡想強調的是減肥的出發點。減肥的出發點應該是為了自己的幸福和健康，如果是為了迎合他人而減肥，那就等於是一種處罰。那麼，愛自己的內在，愛自己的身體指的又是什麼呢？下面將介紹我長期以來為了自己調整飲食和運動的觀點。

1. 為了最大的慾望改變行為的先後順序

我二十多歲時一直都很胖，現在四十多歲了，體重反而更輕。我什麼減肥法都試過，但最好的方法還是運動和飲食療法。其實比起運動，我更喜歡躺在床上；比起雞胸肉，我更喜歡五花肉，儘管如此，我減肥成功的祕訣是因為我正確地提出了對慾望的質疑：「我最渴望的是什麼？」

讓我們來確認慾望的先後順序吧！對我來說，「安靜的野女孩」想穿下緊身牛仔褲和迷你裙的慾望，大於對休息和五花肉的慾望。我不是選擇了減肥，而是選擇了長期的快樂，明確地定下慾望的先後順序，就可以享受運動和飲食療法。

2. 我很開心擁有身體自主權

我如果變胖了，雖然心情會不太好，但不會自責。「多做點運動，調整一下飲食，馬上就會瘦回來的，我知道自己可以做到。」

相信自己可以控制自己的身體，這樣的想法能夠提升自尊。「只要努力運動一兩個月，就能恢復到原本的身材」，反覆經歷這樣的過程，訓練自己的信心，之後即使變胖，也能以平靜的心情相信自己可以變瘦。比起成為更苗條的人，請試著成為更信任自己的人吧。

Q & A

穿出自我風格的方法

穿上認同感能感受到「幸福」，穿出自我風格就能變「有型」。下面是想變「有型」的人常提出的一些問題。

1. 喜歡的衣服不夠日常該怎麼辦？

四十幾歲的主婦，外號「小白貓」的客戶給我看了碧昂絲穿著金色珍珠禮服的照片。以客戶的日常生活來看，她幾乎沒有能穿這種禮服的場合，但這表示她就得壓抑慾望。為了能讓她默默享受華麗的性感，我建議她穿米色針織洋裝，搭配金色珍珠絲襪。當喜歡的衣服與日常脫節時，先思考自己喜歡那些衣服中的什麼元素，再穿上包含這些元素的的單品，讓它們成為整體穿搭的一部分，這是可以反映慾望的實用穿搭法。

2. 喜歡的衣服以及能修身的衣服，該穿哪一種？

身高一百五十公分的「南法別墅的小說家」偏好 Long & Lean 的風格，但因為個子嬌小，所以沒辦法穿長版大衣。即便如此，她給人的浪漫感仍然很鮮明。

長大衣只要符合黃金比例的長度，即使個子矮也可以穿。與其放棄喜歡的衣服，不如思考該如何穿那件衣服，才能符合自己身體的條件。如果腿比較粗，但是想穿短褲，就得先做運動，但如果你不是喜歡露腿，只是喜歡短褲給人的活潑感，用男友牛仔褲代替就可以了。另一方面，也有將體型的缺點昇華為優點的方法，比方說胸部比較沒有分量的女性，穿深V領的上衣或透視裝，也可以毫無負擔地展現性感。

3. 是否有能舒服地穿著緊身衣服的方法？

避免緊身的衣服穿起來不舒服的方法有兩種。第一個方法就是選擇寬鬆且有開叉細節的衣服。開叉細節增添了銳利的感覺，這樣既不會穿起來不舒服，也能增添合身感。穿舒適的衣服，戴方形手錶或菱形耳環也是一種方法，以尖頭或側邊挖空的平底包鞋取代細跟高跟鞋也是不錯的選擇。第二種方法是選擇有彈性的衣服。摒棄正式服裝穿起來一定不舒服的刻板印象，選擇有彈性的布料吧！在優衣庫男裝中大受歡迎的彈力褲和彈力外套就是經典的例子。

4. 從未隨心所欲穿搭的我如何找到想要的衣服？

想解決這個問題，需要時間。我剪貼、蒐集時尚照片好幾年了，會定期整理不喜歡的照片，幾年下來，就只會留下我一直想要的衣服的照片。我第一次嘗試的衣服是白色襯衫洋裝，白色襯衫洋裝似乎能反映我討厭喧鬧的安靜特質，即使到現在我還是很喜歡。

大家也試著在時尚網站或時尚雜誌上蒐集喜歡的照片吧！長期蒐集下來，就能了解該把放什麼衣服放進自己的衣櫃。

5. 鞋子和包包重要嗎？

答案當然是「Yes」。穿上精緻的衣服後，出門前如果隨便拎個包包，或為了舒服隨便選了雙鞋子，那整體的穿搭可能會非常扣分。即使不貴，仔細考慮配色再選擇鞋子和包包，整體穿搭就會變得很時尚。千萬別認為把錢花在鞋子和包包上很可惜，看著鏡子思考一下，再制定購物策略吧！

6. 符合自我風格的品項，該蒐集到何時？

直到自己滿意為止，恐怕是一輩子吧？「尋找好吃的食物要找到什麼時候呢？」這個問題也是一樣的道理。不要忘記，想要享受好的結果，就要付出努力。

CHAPTER

THREE

真正的美麗來自生活

分辨真命天子的方法

以錢和權力無法贏得他人的心

迪士尼電影《美女與野獸》是以健壯的肌肉男加斯頓的歌曲開頭：「你知道我有多少獎盃嗎？你知道有多少女人誇讚我帥嗎？貝兒，如果你成為像我這樣的英雄的夫人，一定會很幸福！」

但貝兒對加斯頓不感興趣。愛書的貝兒將視線放在自己閱讀的書上，把他的話當耳邊風，對此無法忍受的加斯頓抓住她正在閱讀的書。

「女人讀書變聰明的話，就會追究很多事，真讓人頭疼！」

結果，貝兒回應了加斯頓，但不是因為迷上了他，而是加斯頓傲慢的態度惹惱了她。由艾瑪．華森飾演的貝兒這麼說：「雖然我現在住在小鄉村裡，但我不是個村姑。」

帶著充滿夢想的表情優游書中世界的貝兒，對村民們來說是完全無法理解的存在。與她的美貌不相稱（？）的落落大方和對知識的好奇心使她的眼睛閃閃發亮，她唯一的支持者是父親。

加斯頓對她的內在不感興趣，就像戰後獲得戰利品一樣，他認為如果想炫耀自己的力量，就必須得到村裡最漂亮的美女（也完全不理會貝兒的意願）。無論加斯頓如何賣力，貝兒對他都不感興趣。生氣的加斯頓不僅沒有努力了解貝兒，反而更加炫耀自己的力量。他製造出「野獸將危及村民」的恐懼感，打算對野獸動刀動槍，一個人當英雄。

然而，貝兒還是不可能愛上他。有個觀眾都知道，只有加斯頓不知道的事實是，他從來沒愛過貝兒，他只是想把她當作自己無數的獎盃之一向他人炫耀。面對貝兒一再不理睬，自戀的加斯頓非常憤怒，貝兒沒有愛上像他這樣了不起的男人，讓他很丟臉。在加斯頓的世界裡，像他這樣「了不起」的男人只要命令貝兒「過來」，她就必須服從。

有趣的是，真正讓貝兒敞開心扉的，卻是在城堡裡隱居的野獸。野獸的外貌很醜陋，但並沒有對貝兒的大方及對知識的好奇心投以「異樣」的眼光。野獸有著謙遜的心，他知道無論自己的力量再怎麼強大，再怎麼富有，都無法以這些獲得他人的心。

當然，那謙遜不是天生的，對於野獸，這個詛咒從某種角度來說，是一種祝福。吸引貝兒的不是野獸的外貌，而是他的內在，以及他們聊天時的快樂，同樣地，野獸欣賞的也是貝兒的內在。

野獸了解貝兒，知道貝兒的父親對她來說是特別重要的存在。野獸知道貝兒不在身邊，對他當時的處境沒有幫助，但還是默默送走了想去救父親的她。野獸已經沒有時間了，他需要貝兒，但他不願強迫貝兒做任何事情。

當野獸認為一切都結束了的時候，選擇放走貝兒的他打動了貝兒的心，最終也解開了詛咒野獸的魔法。

現代版加斯頓和糟糠之妻

「與看起來很有能力，卻油嘴滑舌的男人交往的女性最終會如何呢？」電影《破碎的擁抱》（Broken Hugs）針對這個問題給出了現實的答案。西班牙的成功企業家艾尼斯暗戀年輕美麗的祕書莉娜。莉娜的父親沒有錢動手術，被醫院趕了出來，於是艾尼斯在經濟上支持莉娜，同時以此事為契機，兩人成了戀人關係。

在他們的關係尚未發生變化前，他讓她盡情享受她喜歡且想要的一切。擁有了一切，看起來很幸福的她某天卻決定參加電影試鏡。

「我一直夢想成為演員！」

艾尼斯聽說她要參加選秀，就失去了平常心，無法容忍屬於他的莉娜去拋頭露面。但莉娜毅然決然參加試鏡，最後被選為主角。開始拍攝後，導演馬泰歐很快就發現了莉娜的才華，兩個人像磁鐵一樣互相吸引。

她為何被馬泰歐吸引？心理學家馬斯洛說，人類最需要先滿足的是生理需求，之後會想滿足安全需求。再下一步才會參與社會，並希望在社會中得到認同和尊敬。如果這一切都被滿足，人就會希望做自己，這就是自我實現的需求。

「安穩快樂是很好，但總覺得似乎少了些什麼。」

莉娜在表演中發現了真正的自己，她從來沒愛過艾尼斯，這點連她自己都不知道，感謝和愛是完全不同的。如果莉娜向艾尼斯道歉，並真心感謝他一直以來的支持，然後澈底分手，那麼這個故事是否就能有大團圓的結局呢？

這樣的童話結局不會發生。這部電影反映出現實中，把女性當成獎盃，並以愛情之名所表現出的執著會走向什麼樣的結局。

艾尼斯表示他不能容忍自己的東西被別人搶走。他並不知道不能把一個人當成所有物對待，本就無法擁有莉娜的他，卻以各種方式表達對她的執著。

求婚遭拒後，艾尼斯派兒子跟蹤偷拍莉娜，為了解讀沒有聲音的影像，甚至聘用了嘴型翻譯師。忍無可忍的莉娜承認了與馬泰歐的關係，並宣布獨立。艾尼斯不知道是因為自己得不到，別人也不能擁有，還是無法忍受所有物違逆自己，他穿著令人目眩的高檔設計鞋，將站在樓梯上的莉娜推下樓。這個行為顯露了他的本質是什麼樣的人。

之後，莉娜和馬泰歐一起私奔。從在海邊散步時，莉娜悲傷的眼神中，可以感受到她珍惜馬泰歐每一分每一秒的心。艾尼斯後來還是找到他們的下落，在他的唆使下，他們發生了交通意外，使馬泰歐失去了視力，莉娜則失去了性命。

隨著歲月流逝，艾尼斯死後，他的兒子將兩人發生意外前的影片交給馬泰歐。馬泰歐用雙手感受有著他與莉娜最後的瞬間，也就是他與莉娜最後一吻的畫面。即便看不見，他仍用自己的方式感受著莉娜。

所謂嫁得好真正的意思是？

我的二阿姨在七〇年代，為了體驗更廣闊的世界前往紐約，阿姨的女兒M是曼哈頓某家百貨公司的進口商，她的人生非常精采。雖然我和M距離很遠，但我們情同姊妹，會一起聊時尚、音樂、美容、電影。

一天，M與我聊天時顯得有點興奮，原來是有了男朋友。M已經三十幾歲了，卻很長一段時間都沒有交往的對象，這讓阿姨很著急。雖然阿姨一直叫她眼光要放低一點，但M總回說自己的眼光沒有問題。她的男朋友A既不是華爾街有名的金融家，也不是律師，而是研究生。

交往一周後，A說要結婚。A之前曾和某個小女友同居了一段時間，後來分手了，M雖然懷疑自己是不是聽錯了，卻也希望和A結婚，因為兩人一見如故。阿姨一直很反對兩人交往，但我知道，M還是會和他結婚。

他們同居不久後，我就聽到M懷孕的消息。她的表情平時總是很僵硬，但某天我在臉書上發現她與A的合照，照片中的她露出了自然且溫柔的微笑。這張照片顯示他們是天生一對。

與許多「優秀」的男性交往過的M選擇了真正愛自己的男人。傳達兩人結婚消息的我媽卻這麼說：「結果M還真的和那男的結婚了。聽說他很胖，又是西班牙人，還沒工作，你阿姨一定會很失望。」

我瞬間「噗嗤！」笑了出來。啊，這就是代溝嗎？對經歷過大饑荒和冷戰的媽媽和阿姨來說，飢餓和安全的恐懼是很深的。媽媽這一代人認為「愛情能當飯吃嗎」是真理，如果無法保障經濟穩定，自我實現不過是奢侈。所以媽媽這一代的長輩總是說：「嫁得好才能享福。」

從未經歷過大饑荒和冷戰的我們，並無意否定「嫁得好才能享福」這句話。我們也知道「嫁得好才能享福」意味著和那樣的男人結婚後，就能享受想買什麼就買什麼的快樂。

花瓶嬌妻，指的是經濟上成功的男子娶到的年輕貌美老婆。雖然《破碎的擁抱》裡的莉娜沒有結婚，但也算是花瓶嬌妻。《破碎的擁抱》中，莉娜穿戴的香奈兒經典毛呢外套，以及香奈兒2.55包讓我印象深刻，這個角色由美麗的潘妮洛普・克魯茲（Penelope Cruz）飾演，似乎更加光彩奪目。出門有司機接送，住在如宮殿般豪宅的莉娜回想周末與艾尼斯到別墅度假的回憶時，說了這樣的話：「我和那怪物在一起四十八小時！」

他們兩人的關係由供需法則支配。對莉娜來說，她有義務給提供自己富裕生活的艾尼斯一個「我很幸福」的微笑。但是她遇見馬泰歐之後才醒悟，自己的微笑很牽強，而且享受富裕的代價是枷鎖。

和馬泰歐一起私奔時，莉娜第一次體驗到幸福。他們住在簡樸的旅館裡，開不怎麼樣的車，但莉娜的臉上閃耀著幸福的光芒。她在艾尼斯身邊從未活出自我，現在遇見了能讓內心的自己發光的人，能不被迷倒嗎？看電影的我十分同情她。

「從來沒人告訴我遇到像馬泰歐這樣的男人才會幸福。」

我從一開始就以與阿姨不同的角度看待M的婚姻。M之所以結婚是因為遇到了適合的人，而非僅僅因為遇到能帶來經濟穩定的男人而結婚，我由衷為她高興。

當然，能帶來經濟穩定的人肯定是值得感謝的，但如果在與那個人的溝通中不能展現真正的自己，總有一天會感到空虛。**如果無法滿足「活出自己」這個人類最高層次的需求，那麼兩個人之間只會變質為膚淺、相互計算利用的關係**。

幾年前，我在電視劇《密會》的評論中看到一則對不倫戀的定義：「不倫，並不單單是指配偶的外遇。需要以愛凝聚的關係，如果以其他東西來維繫，那就是不道德，且是不倫的。」

「沒有愛的婚姻才是不倫戀」這句話給我帶來新的衝擊。這部電視劇描述互相了解對方才華的兩人最終相戀，故事的核心是對權力、名聲的渴望，以及「我想成為自己」的慾望。雖然碰觸禁忌，但《密會》之所以引起許多人的共鳴，是因為讓我們想起了最高層次的慾望。

分辨真命天子

M從事美妝相關的行業，非常熱愛時尚和購物。我們曾受邀觀賞紐約時裝周的秀，不只看到妮娜・賈西亞本人（她是美國綜藝節目《決戰時裝伸展台》的評審），也對展出的香奈兒J12腕錶和梵克雅寶的戒指發出讚嘆，但M還是常說一點也不羨慕與富有的男人交往、在曼哈頓高級飯店舉行婚禮的朋友。我現在不再懷疑這是否是真心話。

她像電影《慾望城市》的女主角凱莉一樣，在紐約市政廳舉行了樸素的婚禮。在阿姨和媽媽眼中，她的老公A只是「野獸」，但彼此相愛的真心卻賦予M將A視為「王子」的魔法（雖然是後話，但A現在已經成為在好公司工作的可靠男人）。

沒有人告訴我的表妹M誰是真命天子，但與莉娜不同，她很清楚知道誰是自己的真命天子。M與她的王子生下了漂亮的女兒，她以特有的爽朗笑容大喊：「花瓶嬌妻？我一點都不羨慕！」

我只是愛情菜鳥

愛情是什麼？

客戶來找我諮詢時，為了尋找符合個性的衣服，我會聽取他們的遺願清單。其中有個人的遺願清單是這樣的，她想像電影《王牌冤家》中的主角一樣，和靈魂伴侶一起躺在北歐冰冷的湖面上，邊聊天邊看極光。幾天後，我重溫了一次這部連情節都不太記得的電影。

穿著橘色毛衣，頭髮染成草綠色的女主角克蕾婷，與穿著黑白上衣，頂著褐色頭髮的男主角喬爾，在蒙托克的海邊初次相遇。在兩人關係進入倦怠期的情人節，克蕾婷決定分手，於是前往能除去痛苦回憶的「忘情診所」刪除了與喬爾有關的記憶。

喬爾找到斷了聯絡的她，但在她的記憶中他已經不存在了，喬爾得知後痛苦不已，也馬上決定用同樣的方法刪除與克蕾婷的記憶。

當忘情診所的技術人員開始刪除記憶時，熟睡的喬爾腦海中重現了與她在一起的每個瞬間。最先出現的是和她分手當晚的記憶。她穿著深黑色洋裝、皮夾克，濃妝豔抹，頂著橘色頭髮，在凌晨三點，喝得酩酊大醉地走進喬爾家。擔心她的喬爾無意中對克蕾婷說了不該說的話，她聽到這些話便決定離開他。

接著是他們分手前的最後一天早上在跳蚤市場的場景。他們在那裡大吵一架，互相拉扯，而在比這更早的記憶中，喬爾看到兩人逐漸變成無話可說，只能默默吃飯的尷尬關係。在喬爾認為分手是理所當然的結果時，卻看到了連自己都遺忘的美麗瞬間。

在床上與喬爾做愛的克蕾婷問他：「喬爾，我長得很醜嗎？」

克蕾婷對答非所問的喬爾講了一個八歲小女孩的故事。小女孩把最醜的娃娃取名為克蕾婷，並命令娃娃變漂亮，因為如果那個娃娃變漂亮了，自己或許也能像施魔法般變漂亮，喬爾親吻含著淚講這段故事的克蕾婷，溫柔地說：「你非常，非常美。」

下一秒她就消失了，沒有吻到她的喬爾希望這段記憶不要消失。

接著場景又變了，他們抵達冰凍的湖邊，喬爾穿著暗色系衣服，在穿著亮粉色長褲，搭配湛藍色外套的克蕾婷帶領下，踏上冰凍的湖面。如果不是克蕾婷，喬爾不會去那裡，但在那個地方，喬爾找到了全新的自己。他望著夜空告白：「如果就這樣死去也沒關係，我現在好幸福，我之前從來沒有這樣的感覺。」

喬爾意識到自己不想結束他們的關係，所以全力抵抗刪除記憶的進行。然而，執行員工也費盡心力解決了喬爾的抵抗所引起的問題，刪除工作逐漸接近尾聲，最後來到喬爾和克蕾婷第一次在蒙托克海邊相遇的場景。喬爾想起了被身穿橘色毛衣的克蕾婷吸引的感覺，她走過來拿走一塊炸雞的那瞬間有多令人激動。這些回憶即將消失，對此感到難過的喬爾盡全力感受這些回憶。

回憶中的克蕾婷突然提議進入海邊的空房子，喬爾跟著一起進去了，但覺得這樣的行為太奇怪，所以很快又跑出來。最後，克蕾婷追上喬爾，給了他一個離別之吻，並在耳邊輕聲說：「下次見，在蒙托克……」

第二天早上，喬爾的記憶完全消失了，但他還是在上班途中，衝動地搭上開往蒙托克的火車。在蒙托克，他發現了身穿橘色毛衣，頂著一頭藍色頭髮的克蕾婷——兩人再次成為戀人。

第一次看這部電影時，我記得這部電影的寓意是「愛情是命中注定的」，因為除去記憶的男女主角注定會重逢，重新找回愛情。但十年後，我再看一次這部電影，卻覺得其內涵不只如此。導演在電影中不斷以克蕾婷的衣服和頭髮顏色提出這樣的疑問：「愛情是什麼？」

愛情是綜合能力

佛羅姆在《愛的藝術》中用精神分析學、社會哲學以及過人的洞察力，精準地解釋我們在愛情中反覆失敗的原因。對於經常因為孤獨而自責的我，他首先以這樣的話安慰：「人類最深的慾望就是離開名為孤獨的牢籠，克服分離。」

依據佛羅姆的理論，分離造成的孤獨會誘發內疚、羞恥和恐懼。想和某人「融為一體」是身為人都會有的、極其自然的慾望，然而，在遇到想結合的人之前，佛羅姆認為應該先以父母愛孩子的心，去愛與父母分離的自己，讓自己擁有自尊。為了填補自己的空虛接受某個人，這並不是愛情，而是讓對方扮演父母的角色，這樣的關係無法長久。

佛羅姆所說的愛，就是彼此給予有益且健康的「結合」。佛羅姆強調愛是主動的行為，指出我們之所以在「愛」中失敗，最主要的原因就是我們錯誤地把「愛人」理解為「被愛」。我們反覆在愛情中失敗，卻把「墜入愛河」誤認為是件容易的事，覺得沒有必要學習「愛人」。試著想想其他領域，每當遭遇失敗，我們都會先探究失敗的原因，並花費相當的時間和精力去解決問題。但有趣的是，我們唯獨不在「愛情」這個領域運用這種觀點。

大部分的人認為愛情不是「愛人」而是「被愛」，而且對開發、加強自我能力漠不關心，堅持只要遇到合適的對象，就會陷入愛河。不僅如此，有的人甚至以為若是一見鍾情，不做任何努力，也能永遠維持愛情。

佛羅姆強調，如果我們想永遠維持愛情，比起為了「被愛」而提升魅力，更應該完備自己「愛人」的能力。如果沒有為了「愛人」而持續努力，最初陷入愛情的感動和興奮就會逐漸倦怠。即使為了找回最初的感動而更換對象，只要不培養「愛人」的能力，就會反覆出現倦怠。

佛羅姆認為「愛」的最高境界包含「勇氣」和「信任」。信任指的是等待並支持對方成長。然而，選擇測試對方是否值得相信並不是真正的「信任」。真正的信任是在即使看到對方仍不成熟，也尚未驗證對方是否可以信任的情況下，「勇敢」拋棄自我，全然信任對方，這才是愛的最高境界。

愛情不是瞬間被某人迷住的浪漫情感，而是意志和行動，是高層次的綜合能力，需要能夠忍受關係中發生的痛苦，相信對方的成長，讓兩人成為美麗的共同體。如同我們判斷一個人是否會開車，不是問他是不是新手，或是能不能在狹窄的巷弄開車或停車，而是綜合評估他的駕駛技術。我們也應該以「綜合的能力」來判斷一個人是否有愛人的能力，而不是只侷限在對方是不是戀愛新手，或是不是有尋找靈魂伴侶的能力。由此看來，過去認為「只要遇到靈魂伴侶就能墜入愛河」的我，真的只是個愛情菜鳥。

想達到愛人而不是被愛的境界

喬爾和克蕾婷是從什麼時候開始相愛的？

忘情診所的員工瑪莉認為，孩提時代的喜悅和純真在長大後會淹沒在悲傷和痛苦之中，因此，我很敬佩幫助患者消除痛苦的醫生霍華德。但從喬爾和克蕾婷的童年可以看出，我們往往在小時候就已經經歷了分離帶來的孤獨和痛苦。

喬爾兩次都被初次見面的克蕾婷吸引，有趣的是，她兩次都穿著橘色的毛衣，在他眼中，那件毛衣真的很漂亮。我曾用畫圖的方式記錄看這部電影的想法和情緒，我認為在喬爾安靜的外表背後隱藏著果斷。他身穿黑色大衣，戴著灰色毛線帽，搭上黑色包包和皮鞋，頂著一頭普通的棕髮，在看到穿著橘色毛衣的克蕾婷時，他無意識地說：「這個女人也許能拯救我。」

電影中，橘色是傳達希望的顏色。當我們需要安慰時，會被能夠聯想到生氣蓬勃能量的橘色吸引。喬爾希望借助充滿能量的克蕾婷打破自己沒有色彩的框架，並與她「融為一體」。遇見她之後，他才鼓起勇氣從孩提時期就被禁錮的孤獨監獄中走出來。

這從兩人在查爾斯河一起度過的時光中可見一斑。喬爾半信半疑地踏入查爾斯河，他先前擔心的可怕事情並沒有發生，反而是兩個人的時間似乎靜止了，他和克蕾婷合而為一了。就這樣，克蕾婷拯救了喬爾，並成為無可取代的存在。

克蕾婷同樣也在孤獨的監獄中經歷過痛苦。就像小時候她命令最醜的娃娃變漂亮一樣，她也用強勢的衣服把稚嫩的自己藏起來，這樣的她被善良的喬爾吸引了。她遇見他之後，染了能搭配毛衣的髮色，也許是因為希望他能填補自己的空虛，並得到喬爾的愛，她曾對喬爾說：「請你不要拋棄我。」

她曾告訴喬爾她染髮劑的名字很酷，並即興取了「橘色特務」（Agent Orange）這個名字。agent這個詞除了指「特務」，也有「催化劑」的意思。對她來說，橘色頭髮是增進兩人關係刺激感的必要工具，這或許是有道理的，喬爾從那天起就暱稱她為「小柑橘」（克蕾婷的英文Clementine，正是一種柑橘類水果）。

兩人在刪除記憶前是否「愛過人」呢？對照佛羅姆所說的「愛人」觀點，我們可以說，這是兩個因為各自的痛苦和匱乏而害怕的人相遇後，確認對「結合」的渴望和喜悅的過程。當然，兩人似乎都成功找到適合自己的對象。

但是在跳蚤市場哩，兩個人大吵了一架。喬爾聽到克蕾婷說想生孩子後，心慌了，不由自主地質疑克蕾婷是否有辦法養育孩子。曾經深信喬爾就是靈魂伴侶的克蕾婷，聽到他不相信自己的潛力，瞬間失去了理智。最後，她不顧喬爾說他還沒準備好的恐懼，便指責他懶惰。當天晚上，喬爾也說了讓克蕾婷決定與他分手的一句話：「你是那種會隨便和別人上床的女人。」

喬爾和克蕾婷兩人再度陷入孤獨的監獄。他向從記憶中離開的她喊話，與其說這是對她的指責，不如說是喬爾被趕到孤獨這片田野後的吶喊。與他分手的克蕾婷，也將自己的頭髮染成了名為「藍色廢墟」的藍色。

佛羅姆說，我們如果要學會愛人，就必須具備了解對方的夢想，以及對方憤怒背後的恐懼，同時相信並支持對方潛力的能力。從這個角度來看，喬爾和克蕾婷兩人雖然互相了解，但他們都不算具備「愛人」的能力。他被她的橘色毛衣吸引，她則希望以橘色的頭髮與他結合，但僅憑這些是不夠的，他們都只是愛情菜鳥。

沒有痛苦和勇氣，就無法進入「愛人」的境界

「也許得不到關愛的恐懼潛意識中，存在著對『愛人』的恐懼。」

在充滿金句的《愛的藝術》中，這也是讓我點頭如搗蒜的句子。我們大多害怕「得不到愛」，其實，這種心態背後隱藏著的是我們沒有勇氣承受「愛人」所伴隨的成長的痛苦。

佛羅姆用堅定但溫柔的語氣提出了建議，愛情的過程中必然會產生痛苦，不要說「為什麼偏偏是我」這樣的話，也不要認為這是不合理的懲罰。與其這樣想，不如將痛苦看作是讓自己成長，並學會「愛人」的挑戰。

回顧過去，我之所以在遇到大大小小的意外和挫折都沒有放棄，是因為我相信只有把這些當作訓練的機會，才能體會成長的樂趣。但是在愛情方面，我卻沒能做到。我一直害怕自己得不到愛，只想著避開「愛人」的過程中必然產生的痛苦，然而，要想在「愛人」的過程中享受快樂和幸福，我們都需要鼓起勇氣。

電影中，忘情診所的員工瑪莉曾念誦英國詩人波普的詩句，希望陽光的照耀能

消除恐懼和悲傷。她說，如果能消除長大後經歷的恐懼和悲傷，我們就能再次如孩提時期般幸福。但是瑪莉從自己的生活中領悟到，即使刪除記憶，痛苦也不會消失，並因此受到衝擊，後來更是決定將刪除記憶前的訪談錄音帶，寄還給所有的顧客。

喬爾和克蕾婷也收到錄音帶，了解彼此過去曾有一段失敗的戀情，但最終決定再次相愛。兩人這時當然不具備「愛人」的完整能力，但他們都了解，克蕾婷可能會覺得喬爾很無聊，喬爾可能會因為克蕾婷的衝動感到慌張，他們也知道為了學會「愛人」，必須經歷這些痛苦。

「但是我願意。」

「我也願意。」

兩人確認了即使痛苦也不放棄對方的意志。頂著藍色頭髮的克蕾婷，身上橘色毛衣的活潑中藏著憂傷，她在這樣的狀態下與喬爾相遇，喬爾喜歡她的一切。克蕾婷也理解喬爾的行為，他之所以想逃避，並不是想把自己推開，而是感到羞愧或驚慌，因此需要時間思考。喬爾也看出雖然克蕾婷有衝動的一面，但她有著一顆想成為溫柔媽媽的心。就這樣，兩人每天相處，學會了大大小小「愛人」的技巧。

「沒有缺陷的心閃耀著永恆的陽光。」

永遠閃耀著陽光的無瑕之心，也許就是抹去痛苦的心。永恆的陽光照進的，難道不是關注對方和自己的痛苦，並以「勇氣」和「信任」一起經歷這些痛苦，同時一起成長的心嗎？

電影的最後，他們再次來到被雪覆蓋的海邊，我好羨慕不久後就能享受永恆陽光的他們。

我們夢想的人生榜樣或許是學東西很慢的人

只看結果的可怕前輩

「結果比過程更重要！」這是我初踏入社會學到的東西。

實習並不如想像中那樣浪漫。七點三十分上班，大量的課程，出乎預料的工作內容……師範大學附設高中比我之前所預期的更接近專家培育機構。至今仍記得那年，師範大學的「資優生崔柔里」成了師大附中的「無能崔實習老師」。

上課很辛苦，站在學生面前授課，與大學時期課堂上的模擬教學完全不同。我不太清楚該怎麼教學，才不會侷限於單方面講課，而是能促發學生主動學習。知道相關領域的知識是一回事，但學會如何教學生這些知識又是另一回事。

我不過是把教學內容壓縮進上課時間的菜鳥實習老師，不可能突然就知道如何教好學生。我懷著這樣的不安，準備了滿滿的資料，在學生面前摸索了五十分鐘，我好恨自己的內向。

辛苦地上完課後，指導老師和同學們刻薄的意見傾洩而出。某天，下班後感到無力的我，收到了來自指導老師自以為是的安慰：「我覺得崔實習老師比起當老師，好像更適合做研究。」

幾年後，我已不再是當時無能的崔實習老師，成了學生們口耳相傳的有趣老師。我沒想過自己能領會那種授課技巧，也許是因為我「學習速度慢」才可能做到。

比起一次迅速掌握知識，我的學習方式反而是慢慢先整理出所有的相關知識，再加以吸收、變成自己的。這讓我能更了解學生在學習時的認知處理過程，並能直覺地預測學習過程中會遇到的困難。

到了第三年，我也成為帶領實習生的指導老師。當時我工作的學校不是需要嚴格實習的地方，只需待滿四周並順利完成課程就行了。

我很期待成為指導老師，也盡了前輩應盡的責任。一開始笑著稱讚我的實習生們經過了四周之後，在我面前都怕得發抖，等他們結束實習離開學校，有位老師悄悄悄問我：「崔老師，你為什麼要對實習生這麼嚴格？他們一個個都臉色發青。」

「我以前就是這麼學的。只有這樣，實習生們才能學得好。」

只在乎打扮的老鳥

告別了五年的教師生涯，回到博士生崗位時，我被安排到幾家教育大學擔任兼職講師。對我來說，要跟上地獄般的研究生課程非常吃力，因此總將備課拋在腦後。

當時我負責的課程是教學理論。在這門課中，學生們要學習教學目的、不同學者提出的理論，以及學者們提出的課程模型。這些沒有實際教學經驗的美國學者所提出的理論既不容易理解，也不有趣，不幸的是，若想要通過教師資格考，就必須把這些背起來。

我不是不知道學生的苦衷，但仍選擇最輕鬆的方法應對，沒有去思考如何以簡單有趣的方式傳遞課程知識。我只想著，反正教學理論是必須背誦的科目，不管由誰來教、怎麼教，都不會有趣。我無精打采地做完前半部的理論講義。

我真正的失誤就是從那之後開始的。

期中考結束後，學生們開始分組教學演練，這時我突然變成一個充滿幹勁的教授。每次看學生們授課，擁有實際教學經驗的我總會看到許多漏洞，並自認如果忽視這些缺點，學生們可能學不到東西。即使發表者的臉都紅了，我仍會毫不留情地給予意見，我眼裡只看到無法成為專家的他們，甚至還說了這樣的話：「即將要成為老師的人，為什麼連這個都做不到？」

我的課程評價因此很差，從學生的匿名評價中，可以感受到濃厚的負能量。我決定不讀這些評論，也沒試著尋找自己的問題，心想：「因為我是兼職講師，所以他們才這樣對我。」

但其中有一則留言讓我很難受，至今仍難以忘懷。

「教授漂亮的皮鞋讓我印象深刻！」

我沒有時間好好備課，卻有時間上網購物，只因為我想成為在講台上擺架子的專家。在課程評論中，我成了只在乎打扮的老鳥。

我是人生榜樣？

為了產後能專心育嬰，我休息了三學期。如果說當了媽媽之後我學到了些什麼，那就是對大人來說理所當然的行為，對剛出生的孩子來說都不是理所當然的。上廁所、睡覺、用湯匙吃飯，孩子都很難一次就做好，總是反覆數十次後，才勉強成功一次。孩子每次嘗試失敗就會哭鬧：「媽媽，幫我。」哭是不會說話的孩子傳達給媽媽的唯一ＳＯＳ。

「即將長大的人，怎麼連這個都做不到？」即使煩到想這樣責罵孩子，但我們不可能這樣斥責不到一歲的嬰兒，我也不想成為把自身的煩躁發洩在孩子身上的媽媽。如果以溫柔的聲音回應哭鬧，孩子會比預期更早走到下一階段。

孩子滿周歲後，我重新接了之前婉拒的課，因此不得不回顧之前的課程評價。我發現，學生留下的負評或許是在傳達「老師，請幫助我們」。

學生們的困難是什麼呢？我如同玩猜謎般在腦中拼湊答案，才開始看到了教學理論課程中可怕到讓人覺得不可思議的地方。學生們要一次學會並背誦許多東西，幾乎沒有時間思考，所以他們當時才會只執著於正確答案……我直到這時才收起過去嚴厲看待學生的視線。

然而，「教學」並不像教師資格考的題目一樣有正確答案。對教師來說，充分了解所要傳達的知識是最基本的，還必須考量學生的知識狀況，並隨時觀察他們眼神流露的訊息，即時調整上課步調。

教學是門高層次的技巧，只學了兩、三年理論的他們，當然還不熟悉。當年踏踏實實修完教育課程的我，不也曾基於同樣的原因，在實習時責備自己的無能嗎？

於是，我看到了自己的問題所在：這是反覆練習數十次也很難上手的技巧，我卻不允許剛接觸的學生出現失誤。我沒有等待過程，只期待結果。

身為高中老師的我總是很細膩地觀察學生的狀況，但成為講師後，卻變成一個完全不顧他們死活的教授，我彷彿又變回當年那個不懂該怎麼教學的崔實習老師。

我不想成為責備小孩「都快要長大了，怎麼連這個都不會？」的媽媽，卻批評學生：「都要當老師了，怎麼連這個都不會？」不過，在如此緊湊的課程中，我也不認為學生有足夠的時間和餘裕不斷犯錯。

「不如，我來收集之前學生常犯的錯誤，再教導他們減少失誤的知識和技巧吧？」我接下來希望能以減少學生們嘗試錯誤的過程為目標，幫助他們更熟悉教學。之前我遇過對學弟妹袖手旁觀的學長姊。在學弟妹吐苦水時，甚至會潑冷水說：「我以前更累。」這不是我想成為的模樣。於是在教學計畫書上，我大膽減少了那些硬邦邦的知識，取而代之的是，我活用過去的經驗，整理出對這些學生來說必須學習，但教育學程中不存在的知識。

某一天下課後，我正在整理東西，還沒離開教室的四名學生悄悄走過來。我提議一起吃飯，於是大家前往校門前簡陋的小餐廳。用餐時他們開心地聊天，安靜吃飯的我聽到了瞬間懷疑自己耳朵的對話。

「老師是我的榜樣！這門課是我進入教育大學以來上過最好的課。」

「對啊！而且老師超會穿搭的。」

對人生道路還很長的他們來說，我竟然是榜樣。

我們夢想的人生榜樣

我們每個人在人生旅程中，都會成為先體驗過某些事的前輩。在這段長程旅行中，如果想成為被稱為「榜樣」的前輩，需要的是對學弟妹的同理心，而不是對他們碎念，不讓他們犯自己「當年」的錯誤。

「怎麼連這個都做不好？」從嘴裡說出的刻薄批評，不過是我希望掩飾自己無能的輕浮言語。當時我比起備課更在乎衣服，是為了用衣服掩蓋專業的不足，但是學生們依然看到了我的缺陷。這種為了展現前輩的權威、假裝專業而選擇的時尚裝扮，不過是膚淺的皮毛。

當我收起毒舌，成為懂得同理的前輩時，時尚才賦予我能夠成為他人「榜樣」的目光。

我現在以時尚治療師之名，成為客戶在時尚業的前輩。偶爾會有人留言批評穿簡約衣服的我是「時尚恐怖分子」，但我不想成為用華麗強勢的衣服來吸引他人視線的時尚網紅。

我過去很長一段時間買了很多不適合自己的衣服，後來都扔掉，我常拿這件糗事支持客戶擁有「健康的穿搭生活」。我希望成為減少他人購物失誤的前輩，想告訴過往只能跟隨時尚媒體命令來買衣服的人說：「世界上也有像我這樣，不照著做也沒關係的人。」

我想成為這樣的前輩。

真正讓人羨慕的旅行不需要開箱

不允許感受自由的考試用文本

學生時期，我不喜歡「文學」這門課，卻在大二時勇敢地選修了「英美短篇小說閱讀」。後來我才知道，這門課不是單純教英文，而是以英文授課的文學課，所以上課時常常提不起勁，最後勉強拿到B+，我卻領悟到新的快樂，那就是作家在作品中傳達的訊息與我的經驗相遇後，產生共鳴的樂趣。之後，我迷上了詩，甚至在社團留言板上留下稚氣未脫的詩表達自己的感想，後來還將欣賞對象擴展到電影，也常常在Cyworld[4]和部落格上發表評論。

但在享受這些新樂趣的同時，我也覺得憤怒。我們每個人為了遵守韓國的考試制度，長期以來都只在國文課裡學習文學，但學了那麼長時間的「文學」，我從未感到快樂。我們必須按老師的教學畫重點、背起來，才能在考試中得高分，這種忙碌的「文學學習」奪走了「感受」的自由。

面對文學作者從大自然和生活中所體驗到的種種，我們只能在被剝奪這種自由的情況下，死記無法理解其意義的答案。當時我不喜歡文學這門課，就是因為排斥這種不合理的上課和考試方式。在打從一開始就不存在正確答案的領域，強制以同樣的標準評量學生的「感受」，我反對韓國這種扭曲的國文教育。

在英美短篇小說閱讀這門課中，我辛苦地學會了欣賞文學的方式，並有所感悟。如果只是以所謂「正確和錯誤」二分法，來評價「感受」的優劣，這是無法被稱為「文學」的。文學不能化約為印刷出來的文本，文學的關鍵在於讀者的經驗與作品產生共鳴，這才是真正的文學。所以，我過去討厭的不是「文學」，而是不允許「感受」自由的「考試用文本」。

4 在韓國極受歡迎的社群交友網站。

錢買不到旅行的感受

有一天，一位從事教職的訂閱者在我的部落格上留言。她說，假期結束後的上班日，坐在對面的同事不停誇耀自己的旅程讓她心裡很不是滋味。她和那位同事一直進行著無聲的競爭，比賽看誰能先穿上法國名牌的新產品，旅行當然也必須比較「誰更出色」。雖然想回覆她的留言，但我心裡五味雜陳，一個字也寫不出來。

恰巧當時我讀了朴正恩的旅行散文《法國，此時此刻》，重新領悟到「旅行」的意義。讀了那本書後，我打破了「旅行就是購物」，這個被過去喜歡買衣服的我畫上等號的觀念。

書中的旅行始於巴黎，介紹法國文豪雨果的小說《鐘樓怪人》，以及巴黎聖母院之美。作者從怪人加西莫多的崇高性格中，思考何謂人性，並對傾注熱情、想在小說中復原十五世紀巴黎聖母院之美的雨果表示敬意。朴正恩也寫到，前往葡萄酒鄉阿爾薩斯，一個名為「奧貝奈」的小村莊參觀酒莊時，問了一個韓國人都會問的問題：「最受歡迎的葡萄酒是什麼？」氣氛因而變尷尬的故事。這篇文章傳達出比起絕對的標準，更應該透過自己的感官來尋找好葡萄酒的人生感悟。

在從聖讓皮耶德波爾（Saint-Jean-Pied-de-Port）啟程的「朝聖者之路」篇章中，在路上結交的新朋友分享了一個讓人印象深刻的故事。這位羅蘭德說他聽從自己心裡的聲音，走上朝聖者之路以尋找真理，並說了他之前在故鄉奧地利的故事，這讓作者想起了保羅．科爾賀的小說《牧羊少年奇幻之旅》。作者說自己的旅行也像科爾賀的小說或羅蘭德的故事一樣神祕，我的眼睛停在這句話許久。

朴正恩用自己的語言忠實地詮釋了旅行的「感受」。他的文章充分說明，所謂「旅行」，就是體驗陌生的街道、風景和美食，遇到生活在那個地方的人，並對這一切產生自己的「感受」。

闔上書，我滿腔熱血，這不是因為「我也想去」，而是源於我也想「感受」的渴望。就連作者遭小偷，因而驚慌失措的故事我都很羨慕，因為看起來很帥氣。我一直認為旅行就是購物，但作者沒有「開箱」任何一件貴重物品的旅行看起來卻比我的旅行精緻許多。

當然，書中並非完全沒有「開箱」，作者也有在經典小說《香水》的故事場景——格拉斯，購買以冷壓法製作的香水，還有幾瓶準備送給朋友的露德聖水（Lourdes water），但這與其說是炫耀用的戰利品，不如說是旅行感受的延伸。

要是看到有人開箱在當地便宜買到的 Celine、聖羅蘭或香奈兒包，說我自己「完全不羨慕」是騙人的，但那樣的羨慕跟我對該作者的羨慕完全不同。這些名牌都是有錢就能買到的東西，還可能被偷走，而且，擁有物品所感受到的快樂是無法與他人分享的。相反地，旅行時作者心中的感受無法用錢買到，也不是他人可以偷走的。在旅行時得到的感受完全屬於自己，如果將這些感受以文字記錄下來，就能與他人產生共鳴。旅行中的「感受」是不是比開箱照片中的昂貴物品或豪華旅行更讓人羨慕呢？

旅行真正的意義

重新認識旅行之後，我回顧過去的經驗。我曾到英國牛津短期進修語言兩個月。因為連一句英文都說不好，我一個人怯生生地躺在公園的草地上，一邊看音樂表演，一邊享受那裡的空氣。其他韓國留學生認為我是「首爾大學來的奇怪女生」，我沒有和他們打交道，反而是和稱呼我「活潑的柔里」的他國學生成為朋友。

這群外國朋友包括：好奇我為何使用「柔里」這個名字的斯洛伐克朋友、暗戀在劍橋遇到的韓國男人，卻跑到牛津的日本朋友、總是遲到三十分鐘，卻很坦然的西班牙朋友。我也記得那些輕視美式英語和美國文化的英國老師們，當地慢到無法忍受的公車，以及總是一臉悠閒等待公車的英國老奶奶們。留在我記憶中的是這些人和事，而非我不流利的英文。

幾年後，我在菲律賓馬尼拉的朋友家裡住了一個禮拜，見識到排放濃濃黑煙的小型巴士上擠滿了人，也記得躲在媽媽身旁，用好奇的眼光看著觀光客的孩子們。還有態度強勢、對當地司機毫不客氣的韓國大嬸，以及站在跟韓國一樣時髦的購物中心前的保全人員。回國時，我把錢包裡的硬幣全部送給了朋友的司機艾利克，當時他很惶恐，不知所措。

隔一年，我在紐約待了三周。比起《慾望城市》的展覽，在中央公園散步更愜意，比起現代藝術館 MOMA 或大都會博物館的名作，雀兒喜畫廊的無名畫家作品更有魅力。在唱片行，比起美國流行音樂，收藏南美唱片更令人興奮，比起第五大道上的紐約百貨公司，逛 Dean & DeLuca 的食品店更有趣。

在蘇活區的小咖啡館，我意外發現猶太金髮女性說話的語氣和首爾江南的女性不知為何非常相似，也看到紐約時代廣場的上空女郎理直氣壯向路人要小費，在布魯明黛百貨公司旁的沙拉店裡，我看到身材極其纖瘦的中年時尚達人。我一個人靜靜地看著這些，覺得非常有趣。

我在二〇一四年到胡志明市玩了幾天。當時沒能擺脫從購物中心開始遊覽的俗氣，但我體驗到每天固定出現的冰雹、放滿獨特香辛蔬菜，極具魅力的當地便宜美食，並對偷看皮膚較白皙的我的越南人回以微笑。

回溯這些記憶，我才意識到在所有的旅行中，都有一個共同的經歷。當我看到有趣的場景、受到如同後腦杓被襲擊般的衝擊，或獨自面對那令人不捨的風光，並感受到言語無法形容的欣喜時，我不知道該和誰分享。

我很孤獨，或許旅行作家就是在旅行中善用孤獨的人，他們是不是用孤獨來寫文章，以尋找能對自己的「感受」有共鳴的人呢？

我沒有把當時的孤獨當作機會，而是揮霍了這些感受，但是能透過旅行了解到自己過去所生活的世界並非全部，並看到以前不了解的當地真實狀況，我覺得這是很棒的事。每當這雙觀察人事物的眼睛閃耀著光輝，我就能確實感受到自己活著，但是過去我並沒把自己的故事留下來。

不羨慕旅行開箱的理由

作者朴正恩沒有在書中炫耀任何東西。如果他炫耀看了昂貴的歌劇表演、吃了光看照片就讓人口水直流的美食、住在最高級的飯店，那會如何？以「誰更優秀？」來比賽輸贏的同時，旅行也失去了意義。

真正的旅行不能用貨幣或數字這樣的衡量標準來衡量，「羨慕就輸了」的二分法思考方式也不該介入。無論哪一次的旅行，他人都沒有資格評斷，因為旅行的所有經歷都是自己的。不論到哪裡，只要是賦予自身「感受」的旅行，就沒有任何人可以評價。

我整理好自己的想法回應部落格的讀者時，不由得想起聽到友人去蜜月旅行的消息後感到不舒服的回憶。他們前往歐洲各地，目的只有購物，一路上買了勞力士手錶、寶格麗大衣和香奈兒包。回國時，為了躲避海關的注意，他們故意穿著破舊的衣服，隱瞞自己的來歷。聽到這個特殊的故事，我無法完全不羨慕，但如今時間久了，回頭一看，我實在沒有理由羨慕他們的「旅行」。他們回來沒有描述旅行時的感受，而是忙著炫耀買到的東西，這與其說是旅行，不如說是「遠程購物」。

當然，我沒有批評他人「遠程購物」的資格。曾經認為「旅行＝購物」的我，如果能早一點領悟，也許能留下一些什麼。但是「遠程購物」的故事給了我一個機會，讓我思考旅行真正的意義為何，於是我這樣回覆讀者：

「我覺得你不需要羨慕同事的旅行。把旅行中感受到的，他人看不到的東西記錄下來，裝進旅行的包包裡，這不就是在真正的『旅行』中能夠做到的真正的『購物』嗎？請回想一下之前的旅行中留下的特殊感受和故事吧。」

旅行後，真正值得驕傲的事不會出現在一張開箱照片中。

HOW TO

美麗變老的方法—外表

從四十多歲開始，我明顯感覺到了老化。「該怎麼做才能老了也依然美麗？」這是無法逃避的問題。奧黛麗．赫本年紀比伊莉莎白．泰勒大，卻比她美；即使總是穿同樣的衣服，臉上有皺紋且掉髮，賈伯斯依舊很有型。沒有把白髮染黑反而更帥氣的康京和外交部長、本人比舞台上華麗的樣子更美麗的小妖精李孝利，從他們身上，我找到了上了年紀依然美麗的祕訣，也讓我對這個問題有更深入的想法。

1. 一定要做肌力運動！

為了以苗條的身體開心穿上喜歡的衣服，我一定會做有氧運動。至於肌力運動就更不用說了，如果繼續放任不管，可能會引起肩頸痠痛和駝背，因此我想開始做提拉皮斯。根據專家所說，年紀越大越需要背部肌肉，駝背是因為背部肌力不足。如果鍛鍊肌肉，即使沒穿塑身衣，也能達到像穿了塑身衣一樣的效果。年紀大了，身體的退化擋也擋不住，一定要做肌力運動！

2. 洗完澡後必須擦乳液和精油

出乎意料的是，很多人並不在意保濕。我從二十多歲開始，沐浴後都會擦乳液和精油，也許是這個原因，我的手臂嫩到朋友摸了都會嚇到的程度。保濕的祕訣不是昂貴的產品，而是每天持續保養。穿露出手臂或腿的衣服時，有保養的皮膚一定會發光。

3. 比起華麗的印花衣服，簡單的單色衣服更適合

隨著年齡的增長，臉上會留下皺紋或黑斑等歲月的痕跡，相當於多了許多細節。這樣的臉如果再搭配充滿細節的衣服，視覺上會給人散漫、凌亂的印象。演員尹汝貞喜歡穿簡約而非華麗的衣服，她之所以看起來很有精神，就是因為這個原因。如果想搭配鮮豔的顏色，可以選擇遠離臉部的單品，例如鞋子、包包或下著。

4. 比起鑲有寶石的飾品，簡約的金飾或銀飾更適合

六十多歲的C和讀大學的女兒一起來百貨公司聽時尚課，詢問我該如何搭配沉

睡在衣櫃中的深藍色外套，她很想知道為什麼穿上那件外套後，看起來很顯老。C當時戴著華麗的大鑽戒和過度裝飾的手錶，我向她借了這些首飾戴在自己身上，我的衣服馬上就出現了大嬸般的感覺。相反地，戴上沒有鑲任何寶石的簡單手鍊和手錶的C反而變得更俐落有型了。

5. 不要打肉毒桿菌，而是要排毒

填充物和肉毒桿菌百分之百無法避免，但過猶不及。手術可以舒展局部皺紋，但排毒可以讓全身變乾淨。我一年打一次排毒針，經由各種途徑累積在身上的毒素，不僅是誘發各種發炎和疾病的根源，也是散發不良體味的原因。從未排毒的身體就像不丟垃圾的房子，如果看到白襯衫漸漸變黃，就要懷疑體內是不是堆積了毒素。排毒後，我往往會覺得眼白變清澈了，不僅是身體，氣色也變好了，不論從哪個角度看都很漂亮。如果你想知道排毒的具體方法和效果，請參考阿萊漢德羅・榮格（Alejandro Junger）博士的書《排毒：讓身體重生的革命，修復身體的自然恢復能力》。

6. 別戴很貴的眼鏡，請戴能修飾缺點的眼鏡

「這個很貴耶！」每當我說某個人的穿搭顯老時，這是常見的反駁。昂貴的眼鏡往往是顯老的罪魁禍首，建議不要以價格和品牌選擇眼鏡，而是該選擇能遮住臉部缺點，並發揮優點的眼鏡。因為眼鏡是三百六十五天都要配戴的單品，所以應格外注意，一點差異都能引起巨大的變化。我喜歡以亞洲風格在臉上施展魔法的品牌「Gentle Monster」，如果要買老花眼鏡，我會選擇「Frame Montana」，因為該品牌會為線上購買的顧客提供試戴用的紙眼鏡，協助找到適合自己的款式。

7. 半永久眉No，修眉OK

眉毛真的很重要，沒畫好，可能會像生氣的人一樣挑眉，看起來非常老氣。我在清潭洞化妝時，特別喜歡造型師幫我畫的眉毛，所以有一段時間我都把當時的照片放在梳妝台上，每次整理眉毛時都會參考。利用「benefit」或「RMK」等品牌的眉毛諮詢服務也是方法之一，也可以從名人的造型尋找自己想要的眉型。我不推薦半永久眉，難以保養的半永久眉大部分都很不自然。即使麻煩，也請每天整理眉

毛，我個人也認為，比起眉筆，眉粉更能畫出自然的眉毛。

8. 比起濃妝，有自信的雙眼更美

六十多歲進入模特兒界的金七斗雖然有皺紋、白頭髮和蓬鬆的鬍鬚，但看上去非常帥氣，因為他的眼睛很有神。相反地，我在 Instagram 上瀏覽其他模特兒的照片時，常常看到因為濃妝而無法突顯特色的模特兒。淡妝能襯托雙眼的自信，濃妝反而讓眼睛發出「乞求別人看自己一眼」的訊號。哪一種才能打造出迷人的外表？濃妝會讓人避開你的眼睛，有自信的雙眼則能引人回眸，而有自信的雙眼則來自充實的內在。

9. 整套衣服中寬鬆的品項只佔百分之七十

許多女性生產後只穿寬鬆的衣服，我也生養過孩子，所以不是不了解原因。但如果全身都選擇這麼寬鬆的衣服，就會顯得很沒精神。當然，我不是建議要穿全身都很緊的衣服，這樣容易讓人看了不舒服，不過，全身都很寬鬆看起來會有種脫離社會的邋遢感。我喜歡寬版的T恤和休閒西裝，但下半身會選擇緊身牛仔褲，以及六公分高的鞋款，保持一點俐落感。為了穿得舒適，又能給人有精神的感覺，建議保持百分之三十左右的俐落感。能營造出這種效果的不是華麗的衣服，而是寬鬆和俐落的對比。

10. 比起「美麗」，「有型」更重要

「有型」的代表人物是外交部長康京和，沒有染黑的頭髮給人不做作的感覺，讓人不禁讚嘆「太帥氣」了。不染髮的驕傲讓人可以感受到她不被他人目光左右，走自己的路的堅定。

「美麗」指的是白皙的皮膚、曲線玲瓏的身材，以及精緻的輪廓。上了年紀的我現在照鏡子常常覺得很難過，但我告訴自己放下「美麗」，追求「有型」吧！即使年齡增長，擁有自己的信念和時尚感的人就能活出自我，所以，盡力追求「有型」吧！

HOW TO

美麗變老的方法—內在

1. 與其抱怨不如書寫

在咖啡館裡寫文章或看書時，常常無意中聽到別人的抱怨。這些人往往都在感嘆自己的身世，或是好幾年都解決不了的煩惱，被打擾的我常常會抬頭看看對方，他們的臉往往充滿著憂愁、貪婪和憤怒。雖然聊天是發洩情緒的管道，但是聊天結束後，問題依舊存在，而且如果聽的人不認同自己，只會加深傷口，這些情緒一定會在臉上留下痕跡。

在抒發情緒方面，比起聊天，我更建議書寫。書寫是由最了解自己的你與自己對話。寫完後，以讀者的角度讀讀看自己寫的東西，你會領悟到自己才最清楚自己的問題，也最能感同身受。書寫甚至能改變表情。

2. 與其話「當年」不如思考「未來要做什麼」

五十多歲的J為了尋找自己的特質來找我諮詢時，告訴我她想成為傳遞「健康生活之道」的百萬YouTuber，我從她閃耀著光芒的雙眼裡看到了美。雖然身邊的朋友都批評這是在亂來，但是依然期待未來的她看起來非常美麗。與其話「當年」，不如想一想自己以後要「做什麼」。賈伯斯如此耀眼，不也是因為如此嗎？

3. 習慣自己一個人的快樂

有人能和自己一起做想做的事，那是錦上添花，但很多時候我們無法如願。因此，我建議自己一個人也要想辦法活得很優雅，一個人逛美術館最自在，一個人靜靜地在咖啡館觀察人群最有趣。與什麼都不做相比，人類在勞動過程中，在經歷成長和取得成就時，更能體驗到真正的投入和快樂。要想集中精神去創造某些東西，就必須一個人靜下來才能做到。

4. 與其讓自己「符合年紀」不如「做自己」

我常聽到「要符合年紀」這句話。到底年紀大意味著什麼？有人把我框在某個類別裡，強迫我遵守該類別的潛規則，這與暴力無異，「要有女人樣」這句話更是暴力無比。三十多歲該穿什麼衣服，四十多歲該開什麼車……這些到底是誰決定的？

現在也穿著充滿時尚感的衣服，帥氣跳舞的歌手朴軫永如果因為年紀大了，就改穿「符合年齡」的西裝唱歌會怎麼樣？年紀大了還是很帥氣的人不是符合自己年齡的人，而是以自己的模樣變老的人。

5. 比起「好人」更應該成為「健康的人」

在控制體重時，我能享受到控制自己的成就感。精神健康也是如此，了解自己，就能控制情緒，如果能正確了解自己生氣的情況，就可以避免直接向對方發火，使情況惡化，或是減少因無條件忍耐而累積的壓力。尊重自己情緒的人就是「健康的人」。

決定做一個健康的人以後，我就不再向對方發怒，而是在一個人的時候發洩，或是僅在心裡表達怒火。這是尊重我的情緒，尊重自己，同時與他人保持和諧的策略。累積情緒調節成功的經驗後，就會感到自豪。與其因為想成為「好人」，而累積心理疾病，不如做一個「健康的人」。

6. 了解自己的魅力

愛美的人身上散發出的優雅源於了解自己的魅力，能夠了解自己的魅力，就不需要他人的認同。比起不停詢問他人「我今天看起來如何？」，能確信「我今天很不錯」的人更美。

7. 享受與他人對話

即使個性不外向，有內涵就能散發魅力。即使不聊流行的搞笑節目或電視劇，話題也不枯竭，即使不做誇張的反應，也能進行愉快的對話，這樣的人就是美麗的人。

8. 比起漂亮的臉蛋，美麗的靈魂更重要

隨著年紀的增長，以外表來展現美麗越來越困難。只有擁有美麗靈魂的人才能成為美麗的人。

9. 黑歷史是我的力量

開辦寫作班時，我請學生寫出一生難忘的黑歷史。剛開始，連想到這件事都很痛苦，但最終會逐漸變成可以重新審視，並擺脫黑歷史的健康狀態。在旁邊看這樣的過程，也是相當令人興奮的經驗。

請成為一個勇敢審視醜陋的過去，規劃自己的人生，以免重蹈覆轍的人。回顧過去，不埋怨別人，而是藉由審視過去默默地規劃未來，開拓生活，這樣的人是年紀越大越美麗的人。

10. 享受與自己結婚的生活

救了我一命的書《我想太多》中，令我最印象深刻的句子就是這個：「你這輩子都擁有與自己的婚姻。」這句話給孤獨的我一記當頭棒喝。即便我們迫切需要他人安慰，也只能一個人面對困難，我現在經營著與自己的婚姻，在難過或痛苦的時候，能百分之百對我的心情有共鳴的人，這輩子只有我一個人。我是為了自己穿上喜歡的睡衣，穿上喜歡的拖鞋，一個人喝酒，一個人吃飯也是家常便飯，但是我愛我自己，所以很少讓自己失望或受傷。我認為所謂的愛情是兩個可以獨自生存，健康且成熟的人在一起，因此，即使遇見了靈魂伴侶，我也會繼續維持和我自己的婚姻生活。

HOW TO

美麗變老的方法—關係

1. 比起魅力，靈光（aura）更重要

使別人相信自己擁有非凡力量的能力，這種能力我們稱之為領袖魅力。靠年齡展現領袖魅力是很俗氣的方法，這與其說是靠自身能力震懾住他人，不如說只是單純年紀大。比起領袖魅力，我更喜歡「靈光」。展現出與他人不同的獨特，不會壓制他人，但是安靜地表現出存在感，這樣的特質與年紀是沒有關係的。

2. 成為大家都想模仿的人

歌手李孝利是二〇〇〇年那段時期，頗具代表性的時尚偶像。因為外表性感健

康，以歌手身分出道後瞬間成為超級明星，即使過了十年，她依然是我們時代的偶像。如果說二〇〇〇年的她以美麗的外貌成為大家的偶像，那麼現在的她則是憑藉融入生活風格的信念變成偶像。

成為以自己的價值和信念對他人產生良善影響的人，才會是人人想爭相模仿的對象。

3. 與其抱怨「怎麼能那樣」，不如思考「那是有可能發生的」

「怎麼會這樣！」期待越大，失望越大，「期待」無異於以自己嚴格的標準審視他人。隨著年齡的增長，我學會了寬容，因為了解到世界上不可能每個人都符合我的標準。即使有人讓我失望，我也會先想一想：「那個人為什麼會那樣呢？」當然，要理解原因並不容易，但是，如果像這樣反覆思考，不知不覺中就會逐漸脫離自我中心的思考方式，慢慢成為成熟的人。

4. 成為年輕人親近的朋友

我的莫逆之交中有一位五十多歲的姊姊。我們見面時總是能天南地北地聊到沒有意識到時間流逝，只是我有時會對兩人童年所體驗過的流行文化差異感到驚訝。她總是平等地對待小她十歲以上的我，雖然已經是莫逆之交，但她從未稱自己是姊姊。我對比我年紀小的人無法如此，因此覺得這樣的態度真的非常帥氣。

5. 生氣時不勃然大怒，而是冷靜向對方表達自己不舒服的情緒

生氣時，與其立即「大發雷霆」，不如先獨自發洩自己的情緒，因為發洩過後，就少了向對方「發怒」的情緒。接下來，試著用不帶情緒的語氣冷靜表達對方的言行中有什麼令人不舒服的地方。這時候主詞請使用「我」，而不是「你」，比如，不是用「你那句話讓人心情不好」來表達，而是說「那句話對我造成傷害」。

6. 道歉時好好道歉

我們不應該做對不起別人的事，但既然是人，就無法避免犯錯。這時，我們應該說聲「對不起」，而最好的道歉是「只有道歉」。

「對不起，我不是故意的，但請你理解我的情況。等你也到了我這個年齡，你就會了解。」像這樣把所有想法都說出來的道歉可能無法解決問題，期待對方能理解自己的道歉，還不如不道歉。

7. 不嘮叨，而是傾聽和理解

「為什麼？我說的不對嗎？」在人際關係上，比起是非，更重要的是傾聽和同理。傾聽某人不得不那樣做的原因，還能培養同理心的人是美麗的人。

8. 切斷消耗自己能量的關係

盲目地希望成為「好人」的我，直到三十幾歲身邊仍有說話讓我不舒服，且會利用我的人。後來我透過寫作回顧人生，整理了這些關係。

請珍惜自己的能量，把更多的精力集中在寶貴的關係上。所謂珍貴的關係，就是幫助我不再枯竭，能自在做我自己的人際關係。為了這樣珍貴的關係，選擇切斷讓人不舒服的關係，並保護自己，這是隨著年齡增長所需要的人際技巧。

CHAPTER

FOUR

幸福來自真正的溝通

我想收到的禮物是理解我的心意

「想給的」與「想收到的」

朋友ＪＳ有次送了我一本書，打開宅配箱後，印入眼簾的書名是《人生的禮儀》，副標題是「我的幸福，因為不耐煩或害怕而延遲」。這本書的正副標題都非常有趣，「禮儀」這個詞是在與他人互動的同時，控制自己言行的用詞，但這本書居然叫我審視自己，對自己的人生要有禮貌。

作者介紹了從世界各地的朋友身上學到的心靈治癒方法，讀了九篇散文後，我彷彿聞到了久違的香草香氣，感覺精神放鬆了。

閱讀到中段時，我看到作者攀登喜馬拉雅山時經歷的故事。攀登過程中，她來到當地小村子稍作休息，看到一群朝自己跑來的孩子們，她像往常一樣翻遍背包，找吃的遞給他們。但孩子們想要的不是零食，而是她戴著的太陽眼鏡，他們希望有東西可以保護眼睛免受強烈的紫外線傷害。在確認孩子們「想得到的東西」以及自己「想給的東西」的落差後，她感到羞愧，同時也因為無法給出太陽眼鏡，所以她對孩子們感到抱歉。

看著作者的故事，我不禁想起之前在某雜誌看到的採訪，內容是關於男性收到美容產品時的感受。裡面一半的正面感想：

「一到冬天，我的皮膚就會變乾燥，刮完鬍子後，會出現白色的角質。女友送Physiogel乳液給我，所以我的皮膚變好了，真的超感謝女友。」

「我收到了女兒送的SPA禮卷，讓我有九十分鐘的時間可以放鬆身體休息，是很特別的體驗。」

另一半則是截然相反的心得：

「收到一套不適合膚質的化妝品禮盒，每次朋友問我好用嗎，都要強顏歡笑，實在很困擾。」

「乾淨和衛生是很重要的職業道德，我在醫院治療病人時不能使用護手霜，所以香氣太重、又太黏膩的護手霜是最糟糕的禮物。」

我們總是希望「想給的東西」與對方「想得到的東西」是一致的，但這樣的情況並不常見。出現這樣的情況時，不僅收禮的人能感受到很深的共鳴，也會了解到送禮之人的深思熟慮。曾經有一部電影給了我那樣的震撼。

理解對方的心意

電影《為愛朗讀》中，十幾歲的少年麥可和三十多歲的女性韓娜是一對戀人。韓娜有著文盲的祕密，和麥可相戀後，她拜託麥可讀書給她聽，他們的關係持續了幾個月。有一天，誠實的韓娜得到了晉升到內勤職位的機會，但她害怕自己是文盲的事會曝光，在這樣的恐懼中她突然消失了。

幾年後，成為法律系學生的麥可旁聽納粹戰犯的審判時，看到了坐在被告席上的韓娜。她因管理猶太俘虜收容所而成為戰犯，麥可大感衝擊，他認為韓娜不可能這麼做，並回想到韓娜在餐廳點餐時沒有看菜單，而是點了和自己一樣的餐點，經過發生屠殺的教堂旁時，她默默地流下了眼淚，也經常請他讀書給她聽。種種回憶讓麥可意識到她是個文盲，也明白她參與屠殺的行為不是故意的。

但是她沒有說明唯一能證明自己無罪的事實。看著她的決定，麥可在痛苦中產生了矛盾：要尊重韓娜不表明自己是文盲的「自尊心」，還是表明她是文盲以證明她無罪，並挽救她的「生命」呢？

麥可出乎意料地選擇了韓娜的「自尊」，這是出於尊重她而做出的決定。因為韓娜是不惜犧牲生命，也要維護「自尊心」。

歲月流逝，韓娜成為老年受刑人，麥可成為中年律師，兩人再次相遇。看著年邁的她穿著囚犯的衣服，麥可眼裡充滿了不捨。麥可希望在不傷害她自尊心的前提下，送長期服刑的韓娜想要的東西。因此他讀童書，並錄成錄音帶，再將錄音帶和書一起寄給她，他贈送給她的是「閱讀能力」。

韓娜終於能學習識字。她每天懷著興奮的心情等待著郵件，一個字一個字學習的她眼神像個小女孩。雖然她仍被關在監獄裡，但是對得到真愛的她來說，這也許是她一生中最幸福的時候。

我看著麥可愛人的方式，覺得既感動又羞愧。我一直認為，我只要給「想給的東西」就好了，但麥可不僅理解心愛的人是什麼樣的人，也了解對方「想要什麼東西」。

可以用隨便的心態得到香奈兒包嗎？

幾年前，我偶然翻閱了前時尚雜誌編輯寫的時尚書籍，討論送香奈兒包給女人的男人。作者大部分的朋友都說：「只有送與香奈包等值的東西，才是合格的男友。」我輕輕地嘆了口氣。我也曾是喜歡香奈包的人，但把男友與香奈兒包相提並論的觀點實在令人不舒服。

但後面的內容漸入佳境。作者的朋友們開始討論送香奈兒包的男人應具備的品味，認為女人當然想要每天拎著香奈兒包，只要是懂女人心的男人，送香奈兒包是最基本的，再不然也要學會送和真品幾乎一模一樣的A貨。

對於朋友的主張，作者似乎還具備了最基本的理性，她提出了質疑：「如果真的有男人送我香奈兒包的A貨，我會很感激，但是這樣的人很可能是情場高手

（？），我可能無法接受這個人當我的男朋友。」

真是萬幸，因為這本書的結論並不是「理想的異性＝滿足自己貪慾的人」。作者的質疑中更進一步探討了與禮物和愛情有關的其他問題。她提到，對喜愛時尚的人來說，肯定存在著想收藏價值不菲的物品，並珍惜使用這些物品的渴望。但是，禮物對熱愛時尚的多數女人來說，如果不是「只送給我」——也就是收禮的人不是贈送者眼中的「the one」，而是「one of them」，那還有辦法開心收下禮物嗎？

從作者的質疑中，我們看到了懷疑不知是否成為「one of them」的不安，以及「對方可能不了解自己」的悲哀。

無法以「效率」之名評論

送禮物給不認識的人總是很尷尬。在這樣的情況下，過去我選擇禮物的方法如下。第一，價格適中，送了也不會造成負擔的禮物。第二，送我喜歡的東西。第三，大方地問對方想要什麼。第四，為了一次解決煩惱，送現金或商品券。

《錢買不到的東西》的作者麥可・桑德爾主張，交換禮物的行為一旦涉及金錢交易，關係就會受損。桑德爾嚴厲批評經濟學家把效率放在首位的現金（商品券）進行讚揚。

在人與人的關係中，存在著不能以「效率」的名義來評論的互動。禮物如果要被冠以禮物之名，必須包含人與人之間的交流。送禮物很難的理由是因為不能以文字，而是必須以東西盛裝心意。比起以文字表達心意，以禮物表達心意是更難的。

當然，以現金作為禮物並不是在暗示對方「你很喜歡錢吧？」而是好像在告訴對方「我沒有自信了解你」。另一方面，如果收禮的人希望收到現金，那也不意味著「我喜歡錢」或是「我不希望你了解我」，而是該解釋為「不希望因為你不了解我而收到奇怪的禮物」（當然，對急需用錢的人來說，現金完全可以成為有意義的禮物）。

經濟學家們認為，以物品作為禮物，失敗的機率很高，為了避免浪費，送商品券或現金是明智的做法。其實以錢作為禮物看起來挺方便的，但也有可能發生下述的情況：「我沒想過自己收到錢會有什麼感覺。只要裝在信封裡的錢有多少，我就有多喜歡送我錢的那個人。」這句話似乎就是在說沒有錢的人就無法傳達心意一樣。

但人的心意不是可以用金額來衡量的，金額的多寡不足以表達人的各種心意。

詢問我的心意

朋友JS送書給我，讓我第一次體會到「收到禮物後的感動」。看完那本書之後我領悟到，那本書就是我想收到的禮物。那時我因為憂鬱症而疲憊不堪，朋友們傳來充滿壓力的訊息讓我更加疲憊，但是這本書卻沒有讓我不舒服，而是輕柔地撫摸我的傷口，真正治癒我。書帶給我的療癒和對朋友的感激之情，使我的心變得更溫暖。

在心靈相通時，「想收到的禮物」和「想給的禮物」就會是一致的。收到書後，心情如此溫暖，也許是因為很感激有人了解我。

迄今為止，我收到的禮物主要是時尚單品，我喜歡那些衣服，但收到之後卻不感動。可能是因為大多時候收到這些衣服，表示送禮的人必須勒緊褲帶，也代表我等不及別人了解我，就急於在「禮物」的名目下滿足貪欲。想到這些，我意識到長久以來「我缺乏對人生的禮儀」，我似乎一直認為「我的貪欲」比「我是誰」更重要。

我「想收到的禮物」，是了解我的心意，是「我與你心靈相通」的感動。JS默默表達了這個心意，只有一萬三千韓元的書，我覺得比時尚雜誌裡介紹的一千三百萬韓元的積家（Jaeger LeCoultre）手錶更有價值。

但也沒有必要因此而忽視消費主義的天堂——百貨公司，因為如果我們仔細觀察送禮的對象，我們總能在百貨公司找到對方「想收到的禮物」。

高價的「婚紗照」無法留下最棒的瞬間

最好的婚紗攝影，然而……

幾年前，我看了一部影集，內容描述四個四十幾歲卻還不懂事的男人之間的友情和愛情。這部影集讓我時而感動，時而捧腹大笑，但有些場景，不知為何有些不自然。當女子B意識到自己愛上男子A之後，跑到男子A待過的咖啡店親吻玻璃窗，或是男子A以兒童音樂劇的方式向女子B求婚，這些都讓我看得很尷尬。最後一集以十年一次的四人聚會開頭，四個人回憶當年與自己的配偶或女朋友在一起時的種種。

「全部的人一起拍照是不錯，但一定要這樣拍嗎……」

當然，這可能是為了展現人物的性格，但身穿西裝和禮服，手拿著葡萄酒，對著鏡頭笑的四對男女讓我覺得過於虛假。不過，我也無法理直氣壯地指責這一場景，因為我也有類似的經歷。

十年前的某天，我在著名的美容院化妝後，穿著知名設計師的禮服在高級攝影棚拍照。對當時的我來說這是最佳的選擇，但是在當天的照片裡，留下的影像只有不滿意的禮服，沒有發揮自己長處的妝容，以及雖然有著昂貴的擺飾，卻很沉悶的冰冷攝影棚。

最好的工作室、禮服、妝容……對孤單的我來說，雖然那已經成為過去，但「婚紗照」仍是我不願想起的活動。當時我以為那是人生中最棒的一刻，也花了不少錢，但現在看著照片的我，只剩下一段不愉快的回憶。協助我們拍攝的顧問沒有推薦適合我的禮服和妝容，而是忙著炫耀自己的顧客有多頂級，當時我們就在「最佳顧客」理所當然會為拍攝做足準備的潛規則下，進行了拍攝。

希望與眾不同的我，穿著和照片中的名人一樣的禮服，在相同的攝影棚裡以同樣的姿勢拍照。在拍攝的過程中，我腦中充滿這樣的想法：「我被當成貴賓了！」

事實是，我不可能因為按照別人規定的正確答案拍攝，就成為貴賓。我也不是所謂的最佳顧客，我只是即使這個活動要花很多錢也想體驗看看的平凡人。

也許是因為把當時的不愉快留在心裡，所以那天拍的照片，我沒有一張掛在家裡。但是即使我承認自己不是貴賓，也不了解當時的不愉快究竟是因為什麼。

人生最棒的瞬間

直到二〇一五年，我才在「琳達．麥卡尼攝影展」上領悟到當時的不愉快為何。琳達．麥卡尼拍攝的照片，每張都非常有質感，也非常令人感動。當然，由於另一半就是當代最優秀的流行歌手——保羅．麥卡尼，因此照片中有許多名人，但是比起拍攝對象，攝影師溫暖的視角更吸引我的目光。琳達憑自己的直覺捕捉到了最精采的瞬間，照片真實地反映了人物的內心世界。

她並沒有為了拍好照片而使用昂貴的器材。菲利普．哈爾斯曼為了捕捉人的內心世界，使用了「跳躍」這個有點冰冷的方法，而琳達則選擇把相機放在膝蓋上，與被拍攝者無拘無束地交談，一旦發現不可錯過的瞬間，就拿起相機。

在哈爾斯曼的攝影展上，我忙著讚嘆他的聰明才智，但在琳達的攝影展上，我卻成了她的粉絲。她沒有打光讓被拍攝者感到緊張，也沒有後製那一瞬間所呈現的自然。她在替《滾石雜誌》拍照時，捕捉到吉他大師吉米・罕醉克斯（Jimi Hendrix）打哈欠的鏡頭，真是棒極了。

那天在展覽中，最讓我感動的是琳達記錄下老公保羅和孩子在一起時的照片。披頭四解散後，保羅和琳達在蘇格蘭田園與孩子們一起生活。照片中，保羅的表情、姿勢以及他所穿的衣服都呈現出他脫去流行歌手光環，成為溫暖爸爸的一面：和孩子們玩得很開心，手和衣服都被顏料弄髒了，卻依然幸福得要死的樣子，穿著浴袍只露出後腦杓和側臉，溫柔地傾聽孩子們說故事的樣子，和兒子詹姆斯如同回到孩童時期開心地洗澡，像個興奮少年的樣子……

保羅完全接受琳達想要坦率記錄家人生活的視角，並尊重沉浸在自己世界的她。保羅對她的愛也體現在他的個人專輯《麥卡尼》和《麥卡尼2》的封面照片中，專輯名稱和照片都呈現出保羅認為和家人在一起的所有瞬間都對自己很重要。

照片中看不到特意的安排、虛張聲勢、擔心或不安。從照片中找不到披頭四解散後，擔心獨自推出的專輯是否成功的樣子，也沒有對玩樂的孩子感到不耐煩的表情。照片中只有向一起工作的家人表示感謝的謙遜爸爸，對拍下眨眼瞬間的妻子表示尊敬的老公。我從中感受到琳達溫暖的視角，以及老公保羅的感激和愛的能量。

走出展間，我感受到美的衝突。雖然他們非常有名且富有，但照片中的家庭生活卻和那些富麗堂皇的房子、昂貴的衣服、名車之類的東西很不一樣（當然，在此就先不討論他們錢多到不需要在貧瘠的城市生活，所以才能拍許多鄉村田園照）。

我那天在攝影展中看到的不是「流行歌手的富有」，而是「某戶人家的幸福」，後來我在展場的外牆上看到了該次展覽的副標題：記錄人生最溫暖的日子。

如果想留下最好的照片

看完攝影展回家的途中，突然想起之前在社區的照相館看到的全家福拍攝過程。那個家庭的父親繫著領帶，穿著白色襯衫和黑色西裝，表情嚴肅，母親穿了最好的衣服，還去了美容院，但不知為何，她的表情很不自然。他們的子女似乎打從一開始就不想配合父母正式的服裝，自顧自地穿著當時最流行的衣服，大家聚在一起拍照時的微笑也很尷尬。

在攝影棚裡，攝影師用一句「拍得很好！」的客套話結束拍攝，並將照片做了些後製之後，瞬間的尷尬成為永恆。這種尷尬和假象的合成物會裝在相框裡，或縮小後洗出來放在錢包裡，成為某人的全家福。

「為了留下最好的照片，我們需要什麼？」

在看琳達．麥卡尼的攝影展之前，我從未真正提出過這個問題。每次拍攝的瞬間（以及每次確認結果的瞬間），我只關心自己穿多厲害的衣服，皮膚有多緊緻，身材有多苗條，對於這樣的我，琳達傳達了這個訊息：「照片留給我們的應該是與珍貴的人進行舒適且幸福的溝通。」

照片中的保羅．麥卡尼沒有穿著華麗的衣服和昂貴的鞋子，讓我印象最深的衣服反而是沾到顏料的燈芯絨褲。從外表來看，這件衣服雖然很粗糙，但完全展現了爸爸和孩子們在一起的幸福。

琳達動搖了我對好照片的想法。過去只看照片表象的我，如今明白了照片中蘊含的東西才是成為好照片的條件。

為了留下最好的照片，需要的不是漂亮的場景、昂貴的衣服、經造型師之手的髮型和妝容。首先需要的是與珍貴的人進行真正溝通的開放心胸，以及認為和他們在一起的所有瞬間都很珍貴的謙虛。

在我的婚紗照中，並沒有那種舒適又幸福的溝通。

我們的友情不需要名牌包

開端是渴望溝通

我國中轉學的那天是星期六，和必須趕去望彌撒的好友S依依不捨地打了最後一次招呼。不久，有人突然從後面抱住步履蹣跚的我——是S，我轉過身來發現剛剛還笑著和我說再見的S哭了。S從詩人韓龍雲的《招魂》中抄下一首詩寫在信中，並將那封信遞給我。

介紹一下S和我成為好朋友的契機，我們是國中同班同學。國一時，我第一次，也是最後一次在班上拿到第一名，突然間，我開始受到同學們的關注。我覺得自己沒有什麼改變，但他們卻竊竊私語說我變了。這時S來到我身邊，告訴我：「同學們都說你變了，但我不覺得你變了。即便如此，現在這種情況確實會讓他們誤會。」

謝謝你。雖然這句話我沒有說出口，但是我覺得有一個真心擔心我的朋友，真的很棒。

後來我們以轉學為契機，開始通信。現在回想起來，我覺得這樣的我們好青澀，信件成為在長時間裡，幾次差點斷了聯絡的我和S之間的橋梁。

我到高中時也持續寫信。記不得到底寫給了哪些人，可能有短暫交往過的別校男友、有感情介於愛情與友情之間的教會朋友、我喜歡的歌手、S，或在學校有誤會需要解開的同學。不論寫給誰，我在信中都是掏心掏肺。文章中包含著我的想法和情感，有人閱讀我寫的東西讓我感受到自己活著，雖然偶爾會想，為何自己要如此自我揭露，但從來沒有進一步思考這個問題。

幾年前，從偶然在書店翻到的書《我總是想很多》中知道了理由。我的敏銳、感性和對知識的好奇心是身邊的人難以理解，也是非常特殊的。作者說，總是讓我感到不方便的特質有可能成為我最大的財富，這句話給了我很大的勇氣。讀了這本書之後，我了解到為何自己是一個有很多想法的人，要遇到真正理解我特質的人非常困難，所以我常常只能一個人默默思考。我在無意中成為沉默寡言的觀察者和思考者。

像我這樣敏感的人，對大部分父母來說，別說理解了，就連一句溫暖的，表示同理的話都很難聽到。因為連本人都對這樣的敏感覺得無奈，所以很渴望共鳴，也缺乏自信，因此對「溝通」的需求也比別人強了好幾倍。我是那種父母難以忍受的孩子，我總是想很多，很難只憑幾句話就完整表達內心的想法。所以，如果偶爾有願意和我交流的朋友，比起聊天，我更喜歡寫可以表達更多想法的信。

告訴我不論我是什麼樣子都很美麗的人

S之後去美國留學，這中間我認識了J。J是我在當代理老師時的同事，我們同齡，也經歷過像喜劇般的搞笑情況，所以越來越親近，她常常搭我的便車下班。在車上聽我說話的她總是這麼說：「我很喜歡崔柔里說話時轉動眼球的表情，好像聽到了腦袋轉動的聲音。」

留學期間因為簽證問題暫時回國的S，曾說對於我交了新朋友，所以眼睛閃閃發光的樣子印象深刻，還很訝異我不是有了男朋友，而是有了新女朋友，S是第一次看到我這麼興奮的表情。

J後來去英國留學，等她回國、我們再次見面的時候，我罹患了憂鬱症，也中斷了論文寫作，正處於艱難的時期。聽到這個消息，J比我的家人更難過。J是少數愛我腦中想法的人之一，她為我的憂鬱症下了最佳處方。

「就用文字來表達自己的想法，寫書吧！崔柔里腦子裡有很多有趣的東西，只有我一個人聽太可惜了。」

她比我更清楚我有表達自己的強烈慾望。某天，J突然說要來，我說：「我還沒洗頭，狀態很糟，這樣沒關係嗎？」

她回答：「你不論什麼樣子，都很美！」

成為互助的關係

原本我們不怎麼幫對方過生日，但前幾年S生日時，我跟她說時間不等人。我還連絡了S留學時期的好友，希望三個人可以聚在一起，這是我最先想到的禮物。

S工作太忙，好不容易才抽空發簡訊：「我星期四應該有空，如果我能活到那時候的話！」

「是嗎？那你就冒著生命危險星期四來聚會吧！」

我準備的第二個禮物是，用照片記錄下三個人聚在一起的時光。我準備好相機和角架，前往約定地點。

在S生日前幾周，我在二手書店看到學生時代放在床邊、每晚閱讀的《為我讀畫的女人》，我買下來後向S炫耀。S的反應出乎意料地嚴肅，她不是回答：「是嗎？居然有這樣一本書。」而是說：「我過世的父親也有這本書，我真想看看。」

到了S生日那天，我把手寫卡片和《為我讀畫的女人》送給她。S翻看我送的卡片和《為我讀畫的女人》的表情洋溢著幸福，我用相機記錄下了S燦笑的瞬間。S的好友到達後，我們三人終於相聚，沒有人穿上正式的衣服，也沒有談論多特別的話題，只是聊了S在公司經歷的令人捧腹的插曲，S的好友在公司與二十多歲年輕人的代溝，還有我寫的文章。最後我們去了S的家，過了午夜就是她的生日，我們為她點了蛋糕上的蠟燭，想一口氣吹熄所有蠟燭的S說：「這需要很大的肺活量耶，該怎麼辦？」

一周後，我開心地把那天的照片放進美麗的相簿，連同一張便條紙拿給S，我在上面寫著希望每年生日都要拍照，把相簿填滿。

收到相簿後忍不住微笑的S說：「我們三個人相聚的那天晚上，我覺得好幸福，開心得睡不著。」

我那天給她的生日卡片上有這一段話：

S啊，你冷靜的特質對幼稚的我來說很重要。所以，即使我們的友情經歷幾次危機，我們依舊是朋友。謝謝你和我成為朋友。我愛你。

不會再將朋友的衣服或名牌包當成話題

J很忙，經營補習班的她常常因為要講課、與其他講師開會、和家長面談、準備講義等，忙到沒有時間吃飯，但總是一有空就會打電話給我。S也很忙，忙到動不動就嘴破，甚至體重突然下降。平常如果不是我主動問候，她很少聯絡我，但是只要我不舒服，她會騰出如血一般寶貴的時間幫我張羅食物。從過去到現在都覺得我腦中想法很有趣的是J，讓愛作夢的我看清現實的是S。

我很珍惜我們坐在咖啡館聊天的時間。不知從何時開始，我們不再談衣服、化妝品、別人的婚姻、自己和他人子女的學業、年薪和別人的閒話。取而代之的是，我們談論幸福。我們該如何做才能幸福，才能保持內心的平靜？也許我們不再聊那些八卦，是因為我們自然而然地領悟到那些與我們的幸福無關。我回想我們在咖啡館所聊的東西，並有了以下的想法。

「我們聊天的話題，應該要像我們過去在信裡所寫的東西一樣有意義。」

小時候，我在給朋友們的信中聊到我的夢想，該如何實現這個夢想，以及該怎麼做才能幸福。當然，我們二十幾歲時也會聊衣服、包包，嘲笑不會穿搭的人，說男人的壞話。但從某天起，比起發洩心中的煩惱和慾望，我們更喜歡一起創造幸福。

我希望以友情的名義所進行的溝通，即使寫在信裡也不會感到羞愧。我們不在意信紙是不是很高檔昂貴，或是用什麼厲害的鋼筆所寫的，讓收信人感動的是寫信者的真心。

很久以前，我參加了一場年末聚會。那天回家的路上我有莫名的失落感，到場的女士們不約而同拎著香奈兒經典包或2.55系列的復古包，戴著勞力士或卡地亞手錶。雖然我安慰自己她們只是比我先擁有了名牌，但還是無法擺脫失敗的感覺。兩年後，我拿著香奈兒經典包再次參加了聚會，雖然因此能夠在聚會裡抬頭挺胸，但我完全不記得那天對話的內容。

所謂人生的馬拉松，並不是在比賽誰先到達某人訂下的終點。這場馬拉松是每個人朝各自決定的目的地，在自己的路線上以自己的速度奔跑。

在我為了戰勝某人而購物時，我以為人生這場馬拉松最重要的是「輸贏」。但我努力不輸的人其實不是「競爭者」，只是目的地與我不同的人。在友情中，名牌包和皮鞋，以及印有閃亮商標的化妝品並不重要，在一起聊天時，最重要的是真心。

即使是用最便宜的原子筆在筆記紙上寫的信，只要包含真心就沒有問題，因為知道我是真心的朋友會開心地對我說：「不論你是什麼樣子，都很漂亮！」

往後五十年，我身邊也有像我一樣在人生這場馬拉松中朝「幸福」奔跑的朋友，我們不需要有礙友情的名牌包。

就這樣找到自己

高級精品的策略

偶爾翻閱以主婦為目標讀者的雜誌，常常會看到中低價品牌的廣告。當我看到版面上有著「最高級」這樣的行銷話語時，腦海中就會浮現這樣的反應：「這個品牌不是最高級的。如果是真正的高級品，就沒有必要這麼說。」

在我們所知道的「頂級」設計師品牌，或所謂的名牌廣告中，很難找到「奢華」、「高檔」等直接的行銷標語。取而代之的是品牌固有的特色、設計師的美感、材質的稀有程度，以及工匠的手工製作過程。

這些品牌不會以文字來表達自己的「高級」。相反地，他們會利用非語言的照片，讓人一下子就能感受到「高級」和「奢華」。正如美國知名藝術評論家強納森・柯拉瑞（Jonathan Crary）所說，「照片是引發人慾望的權力工具」，這些品牌非常清楚這一點。

奢侈品的廣告有一個共同點，在非現實的空間裡，模特兒穿著該品牌的商品，營造出莫名的高貴氛圍。看的人從照片裡流露出的「距離感」中感受到「我也想成為照片中人物」的魅惑，然後馬上將自己帶入照片中的人物中，產生了「我也必須擁有那個」的慾望。

班雅明將「距離給人的獨特現象」稱為「靈光」，而一個無法接近的人，在我們無法進入的幻想空間裡，穿著這些商品的樣子誘發了「靈光」。

但是，班雅明卻批評照片這種媒體，因為消除了被拍攝者給人的距離感，從而損害了靈光。不過，奢侈品牌巧妙利用了靈光、照片帶來的距離感破壞，以及柯拉瑞所說的照片給人的迷人之處。讓人看到照片，並感受到「啊，好高級」的靈光之後，再藉由照片本身帶來的靈光破壞功能，讓人多少有「不只是照片中的人，我或許也能那樣」的感覺，甚至還引發了顧客「我也必須擁有這個！」的慾望。

香奈兒包只是讓人暫時忘卻精神上的貧乏

「與上層階級相比，普通人買更多名牌。他們想藉由擁有名牌，打造自己所沒有的貴族形象。」

這是《奢侈症候群》（Living it Up）的作者詹姆斯．堆徹爾（James B. Twitchell）對消費奢侈品提出的解釋，說明了「即使現實生活並非如此，仍為了體驗當貴族的感覺而買名牌」的心態，精準地點破照片與「靈光」的關係。

堆徹爾嚴厲批評認為「買奢侈品是不合理行為」的觀點。根據堆徹爾所說，人本能地熱愛消費，也離不開消費。消費者也不是傻瓜，而是根據自己想要購買的東西所蘊含的形象是否合理，來決定消費行為。

「在這個無法傳承精神價值的世界裡，高價購買並使用外表光鮮亮麗的東西，總比什麼都不消費來的好。」

堆徹爾希望每個人都能成為高貴的人。結果顯示，許多人為了不承認自己無法成為高貴的人，而選擇沉浸在消費高價物品帶來的幻象中。

我也曾是其中一員。我常幻想如果能擁有購物中心老闆拿著的香奈兒包，就能像她一樣成為享受華麗生活的人，我的生活也會隨之改變。香奈兒包似乎會施展魔法，在去昂貴的餐廳時，我可以用香奈兒包武裝自己，暫時脫離現實。

香奈兒包讓我體驗了成為貴族的感覺，但這只是讓我暫時忘記自己「精神上」的空虛，香奈兒包無法填補我打從一開始就缺乏的「精神價值」。

「帥氣」vs.「裝時尚」

如果說名牌是經由工匠之手所產生的傑作，那麼得到如神一般的精神能量的大師級人物我們就稱為「精神領袖」，我大學時期的教授S就是其中之一。雖然他現在已經退休，但仍是從事寫作活動的作家，也是公民運動的精神領袖。

我大一時，他就已經是名人了。S教授的哲學課是我們大三的必修課，上課前，我憂心忡忡，他的課會不會很難？會不會因為教授的課外活動而經常停課？他會是認真魔人嗎？

但那都是杞人憂天，我有機會上S教授的課真的很幸運。與課本艱澀的內容相反，他的講義深入淺出又有趣，而且幾乎沒有停課，若有的話一定會補課。他上課非常認真，天氣好的時候，還會買自動販賣機的咖啡到戶外的草坪上課。他以混合慶尚道口音的爽朗語氣解說深奧的理論，白色捲髮下綻放的微笑和瘦小的身軀相映成趣，像個少年。

後來，我考上研究所，得以近距離了解教授，我發現他比我想像的還要節儉。教授經常輪流穿幾件衣服，搭乘大眾交通工具，研究室甚至沒有空調。

如果教授穿著 Berluti 皮鞋和 Zegna 西裝，戴勞力士手錶，開著賓士車的話會怎麼樣？

我試著畫出想像的樣子，雖然很有趣，但與他的特質相去甚遠。如果是我無法尊敬的人，像S教授穿著為數不多的西裝，看起來又會如何？恐怕只會讓我覺得很邋遢。

我之所以認為S教授的衣著不是「窮酸」而是「簡樸」，是因為他本身的氣質。舊西裝與他的人品相得益彰，讓人忍不住讚嘆「帥氣」。

相反地，在人格上讓人完全無法尊敬的人，如果穿著奢華的單品會如何？每當穿戴名牌的人鬧上社會版時，我總會有類似的想法：不正直的人顯露內心輕浮的瞬間，名牌衣服就成了突顯那個人輕浮的工具，成為大眾嘲諷某人「裝時尚」的指標。

香奈兒包對自己與他人的交流沒有幫助

幾年前得知C教授母親過世的消息後，我穿了黑色洋裝，拿著香奈兒包前往弔唁。和C教授打過招呼後，我和聚在一起聊天的學弟妹們坐在一起。但是，那天學弟妹們都沒有和我說話，回家後，我一直很在意那種尷尬的氣氛。

我最在意的是被學弟妹們誤會的香奈兒包。我那天似乎成為了「很難接近的人」，而不是「可以聊天的學姊」。我的話雖然不算多，但不希望別人覺得我難以親近，可是那天香奈兒包卻讓我處在這個狀態，被大家孤立了。

我總是渴望成為特別的人，但是我連特別是什麼都不知道，就斷定特別是擁有

昂貴的東西。我不知道自己追求的價值是什麼，也不知道自己的特質是什麼。

那天我第一次醒悟，我曾引以為傲的香奈兒包只會妨礙與他人的交流。擁有香奈兒包並不特別，具備明確品牌定位和品質的真正精品，不會直接以語言表達「高檔」，就像真正的美食餐廳不會直接向顧客說自己的餐點「很好吃」。高檔精品選擇把詮釋「高檔」的權力讓給消費者。

缺乏「特質」和人品的人穿戴名牌，就像用語言這種最俗氣的方式高喊自己「最高級」的中低價品牌廣告一樣。

過去的我不了解自己的特質，精神生活也很空虛，肩上的香奈兒包不過是求他人把我視為高檔之人的空洞迴音。我只是藉由香奈兒包裝腔作勢。

再見，香奈兒包！

「反正在這個無法傳承精神價值的世界裡，自己去尋找精神價值是很困難的，因此投向高價物品這個次佳選擇也不壞。」一堆徹爾的辯護看似很有道理，我過去也是這麼做的。但是歷經購物成癮和憂鬱症後，我學到了很多。如果用難以找到精神價值為由，一味拖延尋找自我的時間，即使繼續購買昂貴的東西，也無法擺脫空虛。

墜入無盡深淵的我很想活下去，為了尋找精神價值而掙扎：「我追求的是什麼價值？」

尋找未知的精神價值非常辛苦，那一年我每天都在哭，也每天都在思考，頭都要爆炸了，但是不能停下來，如果因為困難而停止尋找，我又會像二十、三十幾歲時那樣，沒有思想地度過一生。我真心希望變得幸福。

活出自我，不對真實的自己感到羞恥的奧黛麗．赫本的照片給了我很大的勇氣。我開始在部落格上寫文章，一邊回顧過去，一邊捕捉並吐露腦中獨一無二的想法。

隨著文章的累積，我的世界變得越來越清晰，也開始看見這個世界的主人有什麼特質：她是一個敏感的波希米亞女人，希望用善良的影響力讓這個世界變得更美，我是「安靜的野女孩」。

我之前無法放棄論文，猶豫了很長一段時間，但找到真正的自己後，我產生了勇氣。「就這樣吧，做一個安靜的野女孩，以這樣的真面貌展開新的人生！」

之後發生了一件令人難以置信的事。因為訂閱者，我這個孤獨的世界有了溝通的對象，他們欣賞這個連我的家人和朋友都無法理解的世界，並且願意和真正的我對話，我第一次感受到自己活著。

讓我暫時得以窺探另一個世界的香奈兒包，現在再也不需要了。我現在不再憧憬某人照片中的香奈兒包。

真正的「帥氣」並不是透過香奈兒包建立的。現在，我在健康的自信和真誠的溝通中朝真正帥氣的生活前進。再見，香奈兒包！

CHECK LIST

丟掉香奈兒，尋找自己真正的包包

我賣掉香奈兒包後，開始購買符合自己特質的包包。幾百萬韓元的流行包壽命只有幾年，退流行之後，拿著那個包包只會覺得「自己跟不上流行」，因此再也不會背出門。但是，如果買專屬自己的包包，不論過幾年都可以繼續背。以下介紹買包包前一定要確認的事項。

1. 是否反映我的生活風格或生活習慣？

我只需要兩種包包：攜帶書籍、文件、筆記型電腦的包包，以及和客戶一起購物時裝隨身物品的包包。因為幾乎不參加俱樂部或派對，所以不需要手拿包之類的款式。因此，我只需要一個尺寸夠大，能放進A4紙張大小的方形包，以及A4紙張一半大小的背包。

現在我擁有的包包正好都符合我的需求。大包包以S掛鉤吊掛收納，背包則裝進防塵袋，放在收納架上。

2. 喜歡的材質是？

我不喜歡硬邦邦的材質，我喜歡的是像皮革或帆布一樣形狀可以自由變化的包包。香奈兒包的形狀是固定的，很多物品放不進去，所以很不方便。

我每天愛用的 Vanessa Bruno 大多是由帆布或柔軟的皮革材質製成的，形狀多變很有吸引力。

3. 考量出門時可以負擔的重量

如果出門時主要是搭乘大眾交通工具，建議不要選很重的包包。包包最重要的是輕巧，因此 Longchamp、LeSportsac 及 Kipling 就不適合。請找找看材質輕巧的包包吧。

4. 喜歡的細節是？

想像拿掉衣服上你喜歡的細節，改放到包包上。包包上如果有這些細節，即使每天換不同的衣服，也能經常讓喜歡的細節成為穿搭的一部分。Vanessa Bruno 的亮片是很好的細節，能為穿簡單的短版上衣、緊身牛仔褲或白色T恤表現安靜的我增添「活潑感」。Marcelle的三用包包有三種背帶可以替換，兼顧細節和趣味。

5. 喜歡的形狀是？

越確定自己喜歡的形狀越好，因為這樣才能從流行包的誘惑中守住自己的衣櫃。假設現在剛好流行Mansur Gavriel的水桶包或半月包，而你並不清楚自己其實不喜歡水桶包和半月包，就有可能受到想擁有這些包包的誘惑。所以請思考一下自己喜歡什麼形狀的包包。

6. 喜歡的顏色是？

在保守的韓國社會，如果希望在穿搭中帶有鮮豔的色彩，建議使用包包來達到這樣的效果。

如果想在穿搭中搭配淺紫色，而買了淺紫色連身裙，通常這件連身裙就會漸漸被擱置，因為連身裙的面積太大，容易感覺到這身打扮好像太招搖。這時不妨選擇灰色洋裝搭配淺紫色包包，日常生活中就能多穿。我建議大家可以選擇淺灰色或象牙白等衣服，再用包包來表現自己喜歡的顏色吧！

7. 是否具備包包本該具備的功能？

有些包包背著時很不方便拿裡面的東西。包包不該僅是為了表現視覺上的美，更應該忠於能裝東西的本質，所以我絕對不推薦拉鍊要拉到兩端才能打開，或必須放在桌上才能把東西拿出來的款式。

8. 背起來是否不舒服？

這個問題包含心理和身體的不舒服。我對聖羅蘭的托特包和貝蒂包嚮往一段時間了，但逛過兩家專賣店試背後覺得很不舒服，於是下定決心放棄。聖羅蘭的材質太硬、太重，背起來很不舒服，而穿著夏天的洋裝時，貝蒂包冰冷的金屬鍊條會勒著肉，所以後來我選擇肩背包時，一定會避免金屬鍊條。

9. 商標很大嗎？

商標過大的包包會妨礙造型，因為這些標籤會給人沒有重點的感覺。衣服、包包、鞋子都是一樣的，單色不會無聊，反而顯得更俐落。整體穿搭的重點最好一個就好。

10. 是會引起注意力的包包嗎？

當我背著 Aesther Ekme 的紅色肩背包去京都旅行時，所有對時尚感興趣的旅伴都迷上了我的包包。

比起大家都知道是很貴、讓人很有負擔的包包，不怎麼出名、別人不太了解價格，所以更引人好奇的包包不是更有魅力嗎？在和他人分享的過程中，還能用包包來表達自己的想法和品味，這不是很棒嗎？

CHECK LIST

不要買這樣的衣服！

該買什麼衣服總是個難題，但如果知道什麼衣服不該買，那買衣服就容易多了。

千萬別買這樣的衣服！

1. 品質差的衣服
2. 細節太多的衣服
3. 拼接式衣服
4. 顏色太多的衣服
5. 太裸露的上衣
6. 無法與其他單品搭配的衣服
7. 不合尺寸的衣服

8.長度無法修改的衣服
9.袖子太特殊的衣服
10.同樣的細節重複出現的衣服
11.顏色、版型、材質展現出相同感覺的衣服
12.太過顯眼的顏色佔了大部分面積的衣服
13.無法搭配現有衣服的外套
14.設計師品牌的仿冒品
15.不喜歡的材質，或穿起來不舒服的衣服
16.社群網站中受歡迎的衣服
17.與自己的生活風格脫節的衣服（＝反映虛假自我的衣服）
18.品牌風格過於突出的衣服

1. 品質差的衣服

不經思考就買了沒有靈魂的廉價衣服，往往不久就會被遺忘。如果衣櫃開始被

這種衣服佔據，就很難找到自己喜歡的衣服，所以起毛球的T恤、有異味的毛衣、皺巴巴的褪色襯衫……現在都扔掉吧！

2. 細節太多的衣服

如果買了一件有骷髏圖案，且鑲有鉚釘的軍裝外套，那能穿上這件外套的TPO（時間、地點、場合）是有限的。但如果買的是一件沒有任何裝飾的軍裝外套，再搭配骷髏手鐲和鉚釘包包，同樣能營造整體的酷炫感。增添整體穿搭的細節很容易，但要去除原本衣服上的裝飾卻很困難。想要一件衣服可以穿得長久，越沒有細節的衣服越好。

3. 拼接式的衣服

由於很多人對款式很挑剔，所以廠商往往會做出結合襯衫和毛衣的拼接式衣服。很多人都說會買這種衣服是因為看起來很帥氣，但與其說是購買者覺得衣服很酷，不如說是因為要思考襯衫和毛衣的配色並不容易，因此這種不需煩惱配色的衣服很有吸引力。

但是，這種衣服會引發兩個問題。第一是實穿性很低，例如想單穿毛衣時，也許會想剪掉從毛衣下襬露出來的襯衫尖角。第二是不方便清洗，因為參雜了不同的材質，會讓人不知該乾洗還是手洗，往往索性就不洗了，也因此就不會再穿。所以，與其買這種拼接式的衣服，不如仔細觀察這類衣服的配色和材質，並打開衣櫃，嘗試以不同的單品做類似的搭配。

4. 顏色太多的衣服

例如碎花洋裝。碎花洋裝因為造型上的特殊性成為很多人的選擇，但我們都知道，這種衣服穿五次以上就沒新意了，所以又會再買一件花色不同的，最後，這幾件洋裝就會被棄置在衣櫃角落。

比起買這種顏色太多的衣服，建議找出自己喜歡的配色，並用不同的衣服搭出喜歡的顏色。

5. 刺眼的上衣

如果你的目標是想受到矚目，那就不需要看這一項了。但是，如果是為了透過衣服展現自己的特質，並與對方溝通，那就不推薦刺眼的上衣。與人面對面對聊天時，這樣刺眼的上衣會消耗對方不少能量，臉部周圍太刺眼會讓對方相當疲憊，讓人不願意與你長時間對話。

買的時候還好，越穿越奇怪，覺得似乎太誇張的衣服多半就是這種刺眼的款式。如果想穿刺眼的單品，可以嘗試離臉部遠一點，刺眼的面積較小的品項，例如銀色的鞋子、彩虹色的襪子、碎花迷你裙、鑲有鉚釘手套等等。

6. 無法與其他單品搭配的衣服

一言以蔽之，就是搭配性很低的衣服，例如像主播穿的完美套裝一樣，這樣的衣服沒有搭配其他衣服的空間。很多人都會煩惱不知道這樣的衣服可以搭配什麼外套，所以即使很冷也只能單穿。

7. 不合尺寸的衣服

在暢貨中心可以發現價格低到難以置信的名牌服裝，但如果尺寸不合，買了也不會穿，所以建議如果尺寸不合就放下吧！（「減肥後就能穿得下，所以就先買起來。」但後來就棄置於衣櫃的故事我真的聽到太多了。）

8. 長度無法修改的衣服

和個子矮的人聊天時，經常聽到他們哭訴買到長度不能修改的衣服。有荷葉邊的不規則裙襬、拉鍊開到底的羽絨衣、口袋位置太低的外套等，購買前一定要確認一下需要修改的部分是否有辦法修改。

9. 袖子太特殊的衣服

蝙蝠袖的設計會讓人不方便穿上外套，造成穿搭造型上的限制。此外，肩膀部分隆起的泡泡袖雪紡罩衫如果太過寬大的話，也只能單獨穿，無法搭配外套。另外，袖口呈喇叭狀的上衣在吃飯時，湯汁很容易沾到袖口。

10. 同樣的細節重複出現的衣服

即使細節不多，但同樣的細節反覆出現，視覺上還是會給人疲乏的感覺。因為，當整體的視覺效果偏向某個方向時，我們的眼睛還是能感知到這樣的異常。例如，袖子有荷葉邊，胸口也有荷葉邊，連裙襬也是荷葉邊的洋裝，即使不是碎花圖案，只是單色，也會顯得老氣。已經穿了V領的上衣，腰部又有三角形的挖洞，下半身也開叉到大腿的話，我們的眼睛會認為三角形的細節太多了。如果希望擁有碎花單品，比起碎花洋裝，更推薦碎花裙子或碎花雪紡罩衫等單品。

11. 顏色、版型、材質展現出相同感覺的衣服

縮腰且鑲有珍珠的粉紅蕾絲洋裝就是一個例子。洋裝本身是很有女人味的單品，但版型、材質、細節、顏色都呈現相同感覺的話，就相當於在奶油甜甜圈撒上巧克力，並擠上鮮奶油。

如果想穿粉紅色的衣服，就選一件版型或材質給人中性感覺的衣服吧，可以選擇粉紅色寬褲、粉紅色休閒西裝，或粉紅色騎士夾克。這些都比粉紅色洋裝更能展

現剛剛好的魅力。

同樣的道理，不要選擇蕾絲洋裝，而是買只有袖子是蕾絲的襯衫；不要買碎花洋裝，可以買碎花寬褲！

12. 太過顯眼的顏色佔了大部分面積的衣服

顏色飽和度高所帶來的能量，比同面積但顏色飽和度低所給人的能量高出好幾倍。換句話說，這很容易讓人厭煩或造成視覺疲勞。想穿紅色這種高飽和的顏色，比起洋裝，更推薦迷你裙、短褲、鞋子或包包等面積較小的單品。

13. 無法搭配現有衣服的外套

「去年穿緊身褲，今年換穿寬褲。如果搭相同的外套好像很奇怪，所以沒辦法再穿同一件外套了。」有這個煩惱的人責怪流行趨勢換得太快，但造成這種感覺的原因是因為上下身的寬鬆對比出現問題。像緊身褲這樣的下半身，要搭配寬鬆的外套才會好看，但是寬鬆的外套搭寬褲，上下半身都很寬鬆，所以整體看起來會很奇怪。因此，買外套前，請先確認一下自己主要穿的下半身款式，再選擇與該款式相反的外套。

14. 設計師品牌的仿冒品

設計師品牌的仿冒品絕不可能穿得長久。除了品質比正版差，更有問題的是，即便是現在受歡迎的單品，只要落後一季，就會給人跟不上潮流的感覺。但是，不知道那件衣服是仿冒品的人例外。

15. 不喜歡的材質，或穿起來不舒服的衣服

令人意外的是，很多人不知道自己不喜歡哪些材質。平時就掌握自己的愛好比什麼都重要，買衣服前一定要先檢查一下那件衣服有沒有參雜自己不喜歡的材質。「白襯衫是基本單品，但買了之後才發現是不喜歡的材質，所以就不穿了」、「買了牛仔外套發現沒有彈性，穿起來很不舒服」、「我想要一件紅色毛衣，但買了之後發現很粗糙，實在沒辦法繼續穿」，想避免這些情況，買衣服前請不要只靠一兩

項因素決定，也要考慮材質。

16. 社群網站中受歡迎的衣服

某藝人在活動現場穿過的衣服、某名人的機場造型、某明星在電視劇中所穿的衣服……各大論壇、購物網、時尚論壇等介紹的熱銷商品，或是這些網站的開箱文中出現的商品，都會讓人陷入「我也必須買一個」的不安之中。但是請記住，藝人們所穿的衣服大部分是廠商贊助的，這與我們平常的生活風格或個人特質都相差甚遠。

17. 與我的生活風格脫節的衣服（＝反映虛假自我的衣服）

很多人都曾因為買太多平常沒辦法穿的昂貴服飾，所以對於衣服明明很多卻穿不出門感到苦惱。我也有過相同的煩惱。如果只買與自己的日常生活相去甚遠的衣服，可能該檢討自己是否不願意付出辛苦的代價去實現憧憬的生活，只想花錢購買嚮往的生活形象呢？

只有實際改變自己的生活，才能改變購買這種衣服的習慣。因為嚮往富裕、成功的生活而購買昂貴的衣服，即使設計和材質再怎麼優秀，不是真正反映自我的衣服，終究只會放到發霉扔掉。

18. 品牌風格過於突出的衣服

無論是品牌風格過於突出的衣服，還是印有大商標的衣服，都會妨礙自我的展現。品牌風格不突出的白色帆布鞋之類的單品越多越容易展現自我。穿上優衣庫、Everlane等品牌的衣服，再搭配能展現自我的包包、太陽眼鏡、手鐲、耳環等飾品吧。

CHECK LIST

在衣櫃實踐簡單生活

比起只留下「最少食物」的冰箱，只留下「自己喜歡的食物」的冰箱能帶來更大的快樂。極簡主義和簡單的生活是不同的，簡單生活是除去除了本質之外的累贅。因此，人們會問簡單生活的本質是什麼，但不會問極簡主義的本質是什麼。極簡主義沒有定義該留下什麼或去除什麼，因為只留下最低限度的東西是極簡主義的根本。

我追求的是簡單的生活，以及簡單的衣櫃。只留下符合我的特質，我喜歡的衣服，這樣的衣櫃就是簡單的衣櫃。用丟棄、建立、維持三個原則來管理自己的衣櫃吧！

「丟棄」不符合自己特質的衣服

- □是為買而買的衣服（因為限量、便宜，或家人勸敗而買）嗎？
- □是品質不好的衣服嗎？
- □雖然是專家推薦的必備單品，卻不適合自己的衣服？
- □是為了迎合特定活動而買的衣服嗎？
- □是材質不合我意的衣服嗎？

□是不能修飾身形的衣服嗎？
□是不符合自己的生活方式，穿起來不方便的衣服嗎？
□是不好保養的衣服嗎？
□是自己不喜歡的顏色嗎？
□不符合我追求的形象（有原則的人、自由的靈魂、有能力的人等等）嗎？

「建立」反映自己特質的衣櫃風格

□將所有當季的衣服掛在衣架上（一個衣架，一個單品）時，我看到的衣櫃風格是什麼呢？
□思考自己嚮往的形象，不符合該形象的單品是什麼呢？
□依顏色分類衣服後，想再放進哪些顏色的衣服呢？
□再放進什麼材質的衣服才能更進一步展現自我呢？
□如果要以飾品來展現自我的話，穿戴起來不會不舒服的有哪些？

□分別該用什麼時尚單品來表現俐落感（醒目的單品、閃亮的材質、搶眼的顏色等）和寬鬆感（舒適的材質、寬鬆的款式、不顯眼的顏色等）呢？

□審視自己的身形後，身體的哪部分需要修飾，哪部分需要突顯呢？

□我喜歡的細節或圖案是什麼？這些細節該以什麼單品呈現比較好呢？

□如果有目前衣櫃裡沒有，但很想買的單品，這項單品反應了自己哪些慾望？我又是什麼樣的人呢？

「維持」自己的衣櫃不被不像自己的單品侵佔

□會用乾洗劑、除毛球機、蒸汽熨斗清潔並保養自己的衣服嗎？

□換季時，上一季的衣服都放在看不見的地方（抽屜、衣物防塵套）？

□確認流行趨勢的原因是為了避開流行趨勢？

□不會隨便買單品，會先搜尋時尚網紅的照片，參考穿搭方法？

□願意丟掉時尚網站熱賣的商品嗎？

□是否能淡然面對海外時尚購物中心的促銷？

□看到吸引自己的衣服時，會計算一季能穿幾次？

□購物前會先打開衣櫃確認衣櫃裡的單品嗎？

□是否想過放棄幾個便宜的單品來買清單上符合自己風格的單品？

□比起當季流行的顏色，更傾向考慮自己喜歡的配色嗎？

國家圖書館出版品預行編目（CIP）資料

丟掉香奈兒包，活得更漂亮：決定捨棄名牌、頭銜、學歷的那天起，我又重新呼吸到自由自在的空氣 / 崔柔里 著 ; 陳宜慧 譯 . -- 初版 . -- 臺北市 : 遠流 , 2020.08

面； 公分

ISBN 978-957-32-8826-8 (平裝)

1. 人生哲學　2. 自我實現　3. 自我肯定

177.2　　109008821

丟掉香奈兒包，活得更漂亮：

決定捨棄名牌、頭銜、學歷的那天起，我又重新呼吸到自由自在的空氣

作者／崔柔里
譯者／陳宜慧
總編輯／盧春旭
執行編輯／黃婉華
行銷企畫／鍾湘晴
封面設計／張湘華
內頁設計／ Alan Chan

發行人／王榮文
出版發行／遠流出版事業股份有限公司
地址：臺北市南昌路二段 81 號 6 樓
電話：（02）2392-6899
傳真：（02）2392-6658
郵撥：0189456-1

著作權顧問／蕭雄淋律師
2020 年 8 月 1 日　初版一刷
定價 新台幣 360 元（如有缺頁或破損，請寄回更換）
版權所有・翻印必究 Printed in Taiwan
ISBN 978-957-32-8826-8

遠流博識網
http://www.ylib.com
E-mail: ylib @ ylib.com

샤넬백을 버린 날, 새로운 삶이 시작됐다
Copyright © 2019 by YURI CHOI
All rights reserved.
Original Korean edition published by NEXT WAVE MEDIA
Chinese(complex) Translation rights arranged with NEXT WAVE MEDIA
Chinese(complex) Translation Copyright © 2020 by Yuan-liou Publishing Co.,Ltd. Through M.J. Agency, in Taipei.